苦手な人からの攻撃に悩まず
自分らしく生きるための7つのステップ

逃げられない人間関係から解放される本

豊田真豪 Shingo Toyota

ぱる出版

はじめに　――苦手な人をつくらない生き方

「人間関係とは、エネルギーのやり取りである」

この言葉を聞いて、

「確かに」

と思ったあなたは、自覚しているとおり、かなりエネルギーを失っている人です。

つまり、かなり〝まいって〟しまっているはずです。

原因となる人間関係はといえば、基本的に、

「恐い人」

「威圧《いあつ》的な人」

「攻撃的な人」
「批判的な人」
によって、いつもやられているということになります。

そして、その関係から発生する悩みというのは、相手は違っていても、長い間あなたを同じ苦しみに追いやってきたのではないでしょうか。

なぜなら、それがあなたの〝体質〟だからです。

体質ですから、ちょっと気分転換をしたり、良いアドバイスを聞いてちょっと実行したからといって、根本的なところが変わるわけではないのです。ですから当然です。

言い換えれば、あなたは普段から、
・人の目が気になり
・周囲の人が自分をどう思っているのか心配であり
・誰かから攻撃・批判されやしないかとオドオドする

という習慣から逃れられないため、**人生を堂々と生きていくためのエネルギーが少なくなっているのです。**


では、攻撃的・批判的な人があなたからエネルギーを直接奪っているかというと、そうではありません。

意外に感じるかもしれませんが、違うのです。

あなたが、〝勝手に〟エネルギーを失くしているのです。


そんなバカな、ですよね。


では、想像してみましょう。

あなたが「威圧的・批判的・攻撃的な人」だったとして、目の前のオドオドしている人からいくらかのチカラを得て、元気になった気がするでしょうか？

答えは「ノー」のはずです。

目の前の人が元気を失《な》くす様子が見てとれたとしても、あなたが反対にそのエネルギーを奪って元気になっていく、などということは想像できないでしょう。

イライラなどの怒りのエネルギーが湧いてきたとしても、それは目の前のオドオドした人から奪ったものではないということは容易に理解できると思います。


つまり、**人と対面したときに〝エネルギーの増減〟という現象は確実に起こるわけですが、それは自分の中の「エネルギーバンク」とでも言うべき、内部でのやり取りによって起こる**というわけです。


とはいえ本書を手に取られているという時点で、冒頭でも触れたようにあなたは現在かなり**エネルギーロス**の状態だと思います。

「早くエネルギーを取り戻し、もっとイキイキした自分になりたい」という気持ちが強いのではないでしょうか。

自分の人生なのに、どこか〝他人の人生の脇役〟として生きている感じさえしているかもしれません。

いつも人の目や機嫌が気になり、主語が「自分」でなくなっていませんか？

これは、本当に悲しいことであり、もったいないことです。

あなたの人生は、脚本・監督・主演、あなたです。

演出もプロデューサーも、あなたです。

エネルギーを失ってしまっている「苦手な人との人間関係」をガラッと変え、「本来のあなた」を取り戻しましょう。

本書がそのきっかけになれば、著者としてこれほど嬉しいことはありません。

逃げられない人間関係から解放される本

～苦手な人からの攻撃に悩まず自分らしく生きるための7つのステップ～

contents

豊田真豪

step 1

「失われたエネルギー」を取り戻そう

step 2

「自分の内面」を深掘りすると、呪《のろ》いから解放される

step 3

威圧《いあつ》的な人の気持ちを感じるようにすると、視界がクリアになる

step 4

力学を変え、エネルギーバランスを調《ととの》える

step 5

「人間関係の原点」となった場所を立て直す

step 6

被害者は、強力な「加害者予備軍」であることを知っておく

step 7

真の〝心の自由〟を手に入れて、「人生の目的」を思い出す

カバーデザイン▼EBranch 冨澤 崇
本文デザイン▼Bird's Eye

step 1

「失われたエネルギー」を取り戻そう

01 まずは〝エネルギー0《ゼロ》〟を目指す

ほかの人たちと比べてかなりエネルギー（元気）がなくなってしまっているあなたとしては、

「一刻も早く元気になりたい！」

という想いが上がってきているのではないでしょうか。

でも、ここで気をつけてもらいたいことがあります。

「元気」な状態を、あまり求めないで欲しいのです。

「じゃあ、一体どうしろっていうんだ！」という声が聞こえてきそうですが、ここは本当に気をつけてください。

誰しも経験があるはずなのですぐに納得してもらえると思います。**急上昇したものというのは、必ず急降下するのです。**

ストレス発散の飲み会やカラオケで大騒ぎした次の日は、必ず気分・体調ともどんよりのはずです。

興味や情熱しかり、景気や株価、人気や売り上げにしろ、挙げればキリがありません。

ですから、いま元気がないからといって、「早く元気になろう！」と焦ることは危険なのです。

〝エネルギーのリバウンド〟が来ます。

すべての事象に通じることですが、大事なのは、〝バランス〟です。


「中庸《ちゅうよう》」という言葉をご存じでしょうか？

辞書によれば、

「特定の考えや立場にかたよらず、中正であること。行きすぎや不足がなく、常に調和がとれていること」

とあります。


つまり、「ちょうどいい」ということです。

この感覚が大事です。


そこで、あなたにまず目指して欲しいところが「0」の状態なのです。

いま現在かなりエネルギーを失った状態、つまりマイナスにあるのですから、「0」というだけでもかなりの進歩です。

そして、再びマイナスになることがあったとしても、常に「0」、つまりニュートラルなバランス状態を意識することで適切な修正をかけていくことができるようになります。


「プラスに！」

「元気に！」

「ポジティブに！」

と、一方を求めるのではなく、**ぜひ「エネルギーのバランス」を重視するようにしてください。**

それが本当の意味で**「エネルギー・ロス」**を防ぐことになるのです。

エネルギーのバランスを、常に「0」の状態に保つ

02

苦手な人の態度・表情・言葉によって、肉体に傷がつくわけではない

威圧的・攻撃的・批判的な人というのは、とても近寄りがたい雰囲気がありますよね。

その気持ちはすごくよくわかります。

何かの用事で話しかけなければいけないとき、それも特にお願いごとがあるときなどはとても緊張します。

いつもイライラしていて、何かに怒っている感じがしますから、ちょっと話しかけただけでも、

「は?」とか「何?」と、睨《にら》まれながら返されそうで、ドキドキします。

「ドキドキ」という程度ならまだ良い方で、実際に動悸《どうき》がするという人もいます。

さらには冷や汗が出る、手・声・膝が震える、めまいがする、胃潰瘍《いかいよう》になる等々と、身体に著しい不調が発生する人もいるほどです。

これは、とてもつらいことだと思います。


本当なら、世の中には多くの素晴らしいことが存在し、それらを心の底から楽しむこともできるのです。

実際に楽しんでいる人も多くいます。


なのに身近にそういった威圧的な人がいるばっかりに、楽しい思いどころかつらい目に遭《あ》うことの方が多くなっているのです。

「ああいうヒドい人（たち）のせいで、自分の幸せも健康も害されているんだ！」と叫びたくもなるでしょう。


でも、ちょっと待ってください。

あなたがいま幸せではないとしても、**その「ヒドい人」が本当にあなたの健康まで侵しているのでしょうか？**

確かに、先ほど挙げたような体の不調を起こしている人は大勢います。

しかし、**その不調を作り出しているのは、あなたの過剰な反応である**ということをよく理解してください。

「威圧的な態度」
「険しい表情」
「攻撃的な言葉」
それら自体には、何の殺傷能力もないという真実を認識して欲しいのです。

確かにそれらを相手が発してくると、一気にイヤな気分になります。

でも、現実を冷静に見つめましょう。

もう一度言います。

態度・表情・言葉によって、あなたの体が直接傷つけられることはありません。

あるのは、あなた自身の〝過剰な〟反応です。

そのことを知っておくだけでも、今後の気の持ちようが変わり、かなり楽になるはずです。

そして今度から、

・その人が近づいてきたとき
・その人に話しかけるとき

自分自身に言い聞かせるようにしましょう。

「自分は、この人によって傷つけられることは一切ない」と。

数を重ねるほど、現実にそうなってくるのを感じるでしょう。

「自分は、この人によって傷つけられることは一切ない」と自分に暗示をかける。

03

「心が傷つけられた」もウソの感情

「その人がしてくる行為で、自分の体が傷つけられることがないことはわかりました。でも、心は傷ついているんです」

私が相談を受けている方たちで、多くの人が次の段階でこう言われます。

人の感情は移ろいやすいものです。

身体と違って、心は周囲からの情報・環境によって簡単に変化してしまうというのは納得できます。

しかし、です。

その「心」も、結局はあなた自身が変化させているということを理解してくだ

さい。

私に相談を持ちかけてきた梅田千香さん（仮名・32歳）は、いつも批判的で何かと干渉してくるお母さんのことで悩んでいました。

中学生の頃からというのですから、20年近い歳月です。

お母さんは、（自分が母親にそうされてきたからか）千香さんに対して攻撃的な言葉を毎日あびせてきたそうです。

「まったく、何もできない子ね」

「ほんとにあんたはグズなんだから」

「これぐらいの（家事の）手伝いができないようなら、結婚してくれる人なんていないわよ」

などと、1日に必ず一度は落ち込むようなことを言われ続け、しかも年々エスカレートしているというのです。

そのときの千香さんは確かに元気がなく、毎日を生きるエネルギーが失われていました。

そこで私は、相手の態度・表情・言葉では千香さんの体も心も直接傷つけられないこと、そしてそれは千香さん自身の過剰な反応にすぎないことをじっくりと説明したあと、こう言いました。

「お母さんがしたこと・言ったことに感情で反応するのはやめて、〝事実〟だけを冷静に見てください」

「お母さんはただ単に、『あなたは何もできない子』『あなたはグズ』『あなたは家事ができない。だから結婚してくれる人はいない』ということを〝言っただけ〟なんです」

「そして、**現実はそうではないということを、千香さんは知っています。**実は千香さんはいろんなことができるし、いろんなことをテキパキこなせるし、できる家事もいくつもあるし、結婚相手もこれから現れる可能性が高い（そもそも家事ができなかったら結婚相手がいないということも真実ではないでしょうし）」

「ですから、起こった現実に過剰なリアクションを起こすことをやめて、自分自身と現実を冷静に正しく見ることを練習したらどうでしょう?」と。

千香さんにとってはかなり「なるほど」と思えたらしく、アドバイス通りお母さんが発する言葉をいちいち深く受け止めないようにし始めました。

すると、日に日に気持ちが楽になっていくと同時に、お母さんの批判的な攻撃の度合い・頻度とも落ちていったと、3ヶ月後に嬉しそうに話してくれました。

まとめ

感情で反応するのはやめて、〝事実〟だけを冷静に見つめる。

04

今の体験は、これからの人生にとってプレミアムな〝財産〟となる

断言します。

今の、そして今までのあなたのつらい日々というのは、決してムダにはなりません。

いいえ、ムダどころかむしろ貴重な財産になります。

なぜでしょうか？

簡単に言うと、**「共感力」という、決して知識として学んで習得できるわけではない能力が備わるようになる**からです。

もっと現実的でわかりやすい言い方をすると、人の気持ちを、うわべではなく深いレベルで理解してあげられるようになるということ。

そして、理解するだけでなく、その人の気持ちに〝寄り添う〟ことができるようになります。

反対に言うと、こういったことができない人というのは、「人と真の意味で〝つながる〟ということができない人」ということです。

SNS上のつながり、何か趣味ごとや会合・パーティーでの表面上のつながりといったものではなく、お互いが本気で相手のことを尊重して思いやり、喜怒哀楽をともに共有できる〝心のつながり〟です。

真の友人・パートナー、そして真の応援者がいてくれるということは、人生を生きていく上で最高に幸せなことだと言えるでしょう。

ひがみでもなんでもなく、お金や地位、名誉よりもよっぽど大切なこと、そう、「財産」なのです。

あなたには、そういう人がいますか？
人数は関係ありません。

もちろん多い方が、より人生を豊かにしてくれるかもしれませんが、誰かひとりでいいのです。
あなたのことを本気で愛してくれていて、あなたもその人を本気で愛している。
そんな関係の人がいれば、世界は素晴らしい場所になると思いませんか？

誰かとそんな最高の関係を築くためには、「心から共感する力」が絶対に必要なのです。

ですから、今の状況から「逃げる」ということだけはやめましょう。

苦しいとき、つらいときに人は、かなりの確率で逃げてしまうことがあります。

その問題の本質から目を背け、妙に明るく振る舞ったり、変にポジティブな思考になるのです。

あなたの周囲を見渡してみても、「そういうことか」と、心当たりのある人がいるのではないでしょうか。

しかしそれでは、誰かに対して心から共感することはできませんし、誰かから共感してもらえるということもありません。

「喜び」や「楽しみ」という、いわゆるプラスの感情の世界でしか生きていけないという人では、浅く、うすっぺらく感じられてしまうのです。

反対に、**「怒り」や「哀しみ」というマイナスの感情世界にしっかりと足をつけられる人は、〝深い人〟として印象づけられます。**

どうか、今の境遇をしっかりと受け止め、ありがたい経験の場として進んでいってください。

・あなたがこれからやろうとしていること
・あなたがこれからやることになること

にとって、必要不可欠なものになるでしょう。

「怒り」や「哀しみ」というマイナスの感情世界から目を背けない。

step 2

「自分の内面」を深掘りすると、呪《のろ》いから解放される

05

その人から感じる恐怖の〝本質〟は何だろうか?

岸本真人さん(仮名・27歳)は、毎日悩んでいました。

同じ課で5歳年上の先輩で上司の、森田主任の攻撃が毎日ひどいからです。


何かにつけて岸本さんのやることを批判し、感情をぶつけてきました。


「何をやってるんだ!」

「バカじゃないのか?」

「だからお前はダメなんだ」

「少しはよく考えてやれ!」

と、怒られている岸本さんの周囲にいる人もかなり固まってしまうような表情・言葉です。

いわゆるパワハラですが、本人も周りも、そのことを指摘したり上層部へ申告するということができませんでした**（こういう風土・雰囲気をもつ職場というのは、近年かなり減ったとはいえ、まだまだ本当に多いです）**。

岸本さんも、怒鳴られることのないようにキッチリと仕事を行い、ダンドリ良く進めていきたいのですが、森田主任と対峙《たいじ》しただけで、そしてそのことを考えただけで萎縮《いしゅく》し、思うような考えや動き、言葉を発することができなくなるというのです。

私に現状の説明や悩みを打ち明けてくれる岸本さんの様子は、明らかに「生きていくチカラ」を奪われている人のものでした。

実際に言われた内容を質問したとき、それに答えるために過去の記憶を探るのもすごくつらそうだったのです。

しかし、私はそのことこそが原因であると伝えました。

つまり、**過去何度か言われた、またはされたことがトラウマになっているのです。**

現実には、何百回・何千回とあったわけではありません。

もちろん複数回そういう目に遭ったとは思いますが、**その実際にあったシーンを、岸本さん自身が幾度となく自分の記憶の中で「再生」してしまっているのです。**

そして、**本人のイメージ内でわざわざ何度もバーチャル体験してしまうものですから、その加害者の姿を潜在意識へ刷《す》り込ませてしまっています。**

これが、〝その人に対する恐怖〟の本質なのです。

第一、私から見た岸本さんは、決して理解力や習得能力等が人より劣っているようにはとても思えません。

時間をかけていろいろとお話を聞きながらリラックスしてもらい、その話し方や話す内容をみていると、むしろあらゆることに能力のある方だと、ひいき目なく感じました。

これが、その人のチカラが殺されてしまっているということであり、もったいないことなのです。

そしてそれは、**ひとつの現実から派生して起きた解釈が引き起こしたものであり、そのため、〝恐怖の本質〟をここでしっかりと理解して欲しい**のです。

恐怖とは、加害者の姿を潜在意識へ刷り込ませてしまったイメージにすぎない。

06

自分が、勝手に相手の存在を大きくしているということを知る

この岸本さんは、つまり森田主任の実際の姿よりも、

・攻撃的な部分をより攻撃的に
・恐いところをより恐くしてしまっているのです。

そして、その自覚はまったくありません。

これは、同じような力学を築いている人はほとんど例外なく当てはまります。

自分の内側で、相手の姿を現実よりも巨大化してしまうのです。

そしてそれは、何のメリットもありませんし、何より苦しいです。

岸本さんも、毎日森田主任の〝陰《かげ》〟に怯《おび》えていて、「生きている心地がしない」と言います。

しかし、当然仕事をしていれば、聞かなければいけないこと、報告しなければいけないことというのは必ず発生してきます。

それでも岸本さんは、**その恐怖の陰の存在が大きすぎるがゆえ、ビジネスの基本である報告・連絡・相談がまったくできなかったというのです。**

その必要性はもちろん、

「○○について訊《き》いておかなければ」

「今、□□まで終わっていますので、次は××に取りかかろうと思います、と報告しておく方が良いな」

と具体的にいつ、どういったことを言えばいいのかがすべて分かっているのに、です。

職場で健全な人間関係をもっていて、ハツラツと仕事をしている人は「どうして？」と思うかもしれませんが、私も経験があるので岸本さんの気持ちは痛いほどよく分かります。

どんなに当たり前の報・連・相をしたとしても、（それまでのトラウマから）相手はまた険しい表情・怒った口調で、何か言いがかりをつけて攻撃してくると本能的に感じてしまい、動けなくなるのです。

これでは、本人も不幸、上司もイライラしてばかりで不幸。

職場にとっても、業績がまったく上がらないので、誰も良い思いをしていません。

かといって、上司が急に優しくなるのを期待してもムダなことです。

つまり、自分が変わるしかありません。

しかし、「自分を変える」というのはなかなかできないもの。

ですから、「受けとめ方」を変えるのです。

「この人は、イライラしている人」

ただそれだけでいいのです。

現実を、そのまま見て、そのまま受けとめるのです。

変な意味づけや拡大解釈、ネガティブな予想は一切いりません。

その練習を毎日続けると、1ヶ月もしないうちにかなり楽になります。

まとめ

「自分を変える」のではなく、「受けとめ方」を変える。

07

「自分の方が正しい」という〝間違い〟に早く気づく

ところで、私は岸本さんの相談を受ける中で、とても根本的な質問を投げかけました。

「岸本さんは、**『上司の森田主任よりも、自分の方が正しいんだ』と思っていませんか？**」と。

岸本さんは、キョトンとした表情で聞いています。

そこで私はさらに突っ込みました。

「つまり、**森田主任は〝悪〟で、『自分はそれに負けずにがんばっている〝正義〟**

なんだ』と言わんばかりの心境なんじゃないですか？」と。

これを聞いた岸本さんは照れ笑いをしていました。

つまり、図星なのです。

そしてこれこそが〝間違い〟です。

そもそも、ビジネスをしていく上で、「正義」も「悪」もないのです。

もちろん、方法論として「正しいやり方」「間違ったやり方」はあるかもしれません。

しかし、善悪を語ることはナンセンスなのです。

何より、ここは大事なところなのでよく理解して欲しいのですが、〝自分の方が正しいと思った時点で、相手が悪いことをする必要が出てくる〟のです。

つまり、不思議に思うかもしれませんが、**あなたが「自分こそ正しい」と考えるほど、周りの人が「悪い」人になる現実を引き寄せてしまうのです。被害者であるためには、加害者を必要とするからです。**

これこそが、多くの人が陥っている悪循環の根源だと言えます。

ですから私は岸本さんに、前項の「思い込みを捨てて現実を見つめる」ワークが1週間を経過する頃、次のワークを提案しました。

ズバリ、**「自分の方が正しいんだ」という思い込みを捨てる**こと。

これも最初は、今までの固定観念があるため難しそうに感じます。

それも、「自分には〝正義〟という武器がある」とでも言わんばかりに「強み」として考えている部分でもあるため、それを捨てることに抵抗があるのもうなずけます。

しかし、です。

この〝正義〟（という思い込み）は、「強み」というよりは「重荷」となっていることが多いのです。

「自分は正しくあらねば」と考えるのが慢性化して、ますます自分の偏ったスタンスを崩さなくなるからです。

こうなると、事態は良い方へは決して進みません。

繰り返しますが、「正義」とか「悪」といったつまらない価値基準は捨てて、もっと毎日を「心地良い」ものにしましょう。

「自分の方が正しいんだ」という思い込みを捨てて、現実を見つめる。

08

「その人と同じことを、他の誰かにしたことはないか」を思い出してみる

セッションを繰り返すうちに、岸本さんの思い込みや思考の偏《かたよ》りが少しずつ和らいでくるのがわかりました。

言葉で表現するのは難しいのですが、切羽詰まったようなしゃべり方や、なにか「地に足がついていない」ような雰囲気というものがなくなっていったのです。「自分が正義で上司は悪」といった観念も、かなり解けていきました。

しかし会話を重ねていくうちに、どうしても捨てることができない「美学」のようなものがあるのに気づいたのです。

それは、**「自分がされてイヤだったことは、人にはしない」**というもの。

小学生ぐらいの頃、親や先生によく言われた言葉そのものです。


もちろん、その教えは立派なものであり、正論です。

子どもに道徳教育を授けるとき、表現は違っても多くの国で教えられていることかもしれません。


ただ、これも頑《かたく》なに守ろうとすると、「足枷《あしかせ》」になってしまいます。

「自分がされてイヤだったことは、人にはしない」という言葉を別の角度で解釈すると、

「イヤことをしてくる上司に自分はよく耐えている。そして、自分より下の者に同じような仕打ちをしない自分はなんていい人なんだろう」

という心理を感じることができます。

思いだして欲しいのですが、こういった思考に陥ると結局自分を苦しい状態に追いつめてしまうことになります。

自分がいい人であることを証明するために、上司がイヤなことをしてくる必要が生まれるからです。

ことあるごとに、自分がこうした思考パターンになっていないかを振り返ることが重要になります。

そもそも岸本さんは本当に、自分がされてイヤなことを他の人にしたことがないのでしょうか？

もちろんそんなことはありませんでした。

聞き取っていくと、岸本さんの中学・高校時代、それぞれの3年生のときには、下級生をかなり攻撃したといいます。

岸本さんはずっと、中高と一貫してサッカー部でした。

どちらのときも、1年生時は先輩にシゴかれ、馬鹿にされ、使いっぱしりのようなこともされたそうです。

しかし、結局は自分たちが最上級生になると、同じようなことを今度はする側に回ったのです。

誰にも、「凶暴性」というものが備わっています。

それを変に否定して〝被害者ヅラ〟ばかりしていると、〝被害〟を呼ぶ体質になってしまうのです。

「自分がされてイヤだったことは、人にはしない」を実践するのはとても難しい。

step 3

威圧《いあつ》的な人の気持ちを感じるようにすると、視界がクリアになる

09

その人には、自分がどう見えているのだろうか？

1年前に私のところへ相談に来られた沖田ユキオさん（仮名・34歳）は、6歳年上で上司の長田係長の存在がイヤでたまりませんでした。

何かにつけてチェックが厳しく、頼まれた仕事を仕上げて提出しても、必ずどこかに難癖をつけてくるというのです。

それは、同室に約10名のスタッフがいる前で行われるため、沖田さんにとってはとてもストレスになるということでした。

半分が、男女問わず自分よりも後輩のスタッフだというのですから当然です。

自分としては、「言われたことを完璧ではないにせよ早めに終わらせて返しているのだから、何も文句を言われる筋合いはない」
むしろ、「早めに提出していることを褒《ほ》めてもらってもいいのでは」、とも思っていました。

さて、「人」が関わるすべての問題について解決のキーポイントとなるのが、「相手の気持ちになって考えてみる」ということ。

ただし、ここで注意して欲しいのが、相手の「立場に立って」ではないこと。相手の「気持ちになって」なのです。

「もし、自分が〝あの人自身〟だったら」という仮定が大事です。

なぜなら、その人の「立場」に立ってみたとしても、人によって価値観・判断基準・感じ方などが全然違うため、間違った解釈をしてしまうからです。

私は沖田さんに、コーチングセッションを通して上司・長田係長の気持ちになりきってもらいました。

最初は沖田さんも、「キライな人のことを考えるのは、なんだか抵抗があります」と言っていたのですが、私の**「このまま泣き寝入りの人生をずっと続けるつもりですか？」**の言葉にドキッとしたらしく、しっかりとセッションができたのです。

すると（もちろん少し時間はかかりましたが）沖田さんも、長田係長から見ると自分は、

「嫌いな上司である自分になるべく関わりたくないために、少々不備があっても、〝とりあえず〟仕事を終えてしまって返してくるヤツ」であり、

「そもそも自分の仕事にあまり誠意も熱意もなく、〝言われたことだけこなして〟仕事や責任から逃れようとしている困ったスタッフ」

という印象が浮かび上がってきました。

それは多くの質問を繰り返す中で、沖田さん自身も「自分では気づいていない自分の本心」を知ることになりながら、他者の視点で浮かび上がってきたのです。

そうなると、沖田さんは自分で今後取るべき行動を、

・長田係長に〝文句を言わせない内容〟の資料を、
・期限の1日前（当日だと「ギリギリじゃないかと責められるから」）まで粘って完成させ、
・さらに言われたことプラスαの、自分なりの改善点や提案をワンポイント入れて提出する。

と計画したのです。

そうすると、**相手だけに問題があるわけではないことが理解でき、自分の仕事への考え方やスタンスが変わり始めた**といいます。

見ようとしていなかった本質や緻密さ、役割といったものが、「霧が晴れていくかのように鮮明になりました」と語ってくれました。

「もし、自分が〝あの人自身〟だったら」という「相手の気持ち」を思いやる。

10

その人は、一体何をそんなに恐がっているのだろうか？

沖田さん自身が自分の心のありようや考え方を知り、それを良い方向に変えられるようになってきたとき、もっと長田係長の奥底を知るプロセスに入ってもらいました。

前項でお話したような「改善」が見られたからか、沖田さんも、より真剣にワークに取り組んでくれたのです。

そして、ある仮説（実は真実なのですが）にたどり着きました。

それは、

〝威圧的な人こそ、実は臆病なのだ〟ということ。

つまり、**自分が怖がっているから、そしてその怖がっていることを人に悟られたくないから、周囲へ虚勢を張っている**ということです。


しかしこのことが浮かび上がってきたとき沖田さんは、

「あんなに血も涙もなくて、人の気持ちを考えてるとは思えないほど攻撃してくる長田係長が、臆病だなんていうのは信じられません」と否定しました。


しかし、意外かもしれませんがこれは真理なのです。

たとえば「臆病でない人」、つまり「度胸のある人」はどんな態度を取ると思いますか？


容易に想像できると思いますが、余裕がただよい、人に対しても強さから生まれる優しさをもって接する姿が浮かんでくるはずです。

ですから、威圧的で不必要に人を攻撃したり批判したりする人というのは、その臆病さから、

「先に攻撃しないと攻撃される」とでもいうべき行動に出るのです。

怯えている猫が、部屋の隅っこで震えながらこちらを威嚇《いかく》するさまに似ています。

あなたも身の回りの人のことを思い出してみてください。

少なくとも1人か2人、過去まで遡ってみるともう少しは思い当たる人物がいるのではないでしょうか。

その人たちは、なぜ、そんな感じだったのでしょう？

何がその人たちをそうしたのでしょうか？

なぜ、その人たちはそこまでしなければいけなかったのでしょう？

一見、ほとんど同じような質問に思えるかもしれませんが、これらを真剣に考えると多角的に見つめることが可能となり、原因が浮き彫りになってきます。

そうです。
みんな、何かを怖れていたのです。
誰も、幼い頃は「その場所」の出身。
そして、多くの人はその出身地を人に知られたくないものです。

長田係長もどうやらそこで生まれ育ち、様々な体験によってイヤになったからこそその故郷を捨て、正反対の場所へ行きました。
いわば、心の奥底はいつも怯えている、かわいそうな人なのです。

「威圧的な人こそ、実は臆病」だから、先に攻撃してくる。

11

加害者は、元・被害者であることを知っておく

私が今回、沖田さんと長田係長のケースを紹介したのには理由があります。それは、攻撃的である長田係長のこれまでの経歴を知る機会があったからなのです。

したがって、この、

「加害者＝元・被害者」

という図式が真実であることが、ひとつの形として示すことができると考えました。

非常に稀なことですが、沖田さんや長田係長が働く職場に私の友人（女性）が

いて、沖田さんが相談にやってくる前に、２人のことを知っていたのです。

その友人は、あまりにネチネチとした長田係長の言動をはたから見ていて不愉快だったため、世間話に飲み会時、延々と話してくれました。

もちろん、その数週間後に沖田さんに話を聞いたときにも（その職場名から、すぐ「この人たちのことだ」と分かりましたが）、沖田さん・その友人のどちらにも、その話は一切していません。


その友人から先に聞いていた話の内容は以下のようなものです。


自分の部署に、とてもイヤな感じの係長がいる。

それも、特定の１人に対していつもネチネチと、嫌味に近い指導・叱責を繰り返し、横で聞いている自分たちも不快に感じるし、部署内の空気も悪くなる。

言われている、６歳年下の部下も（ちなみにこの沖田さんは大学卒業後４年勤めた会社を辞めて転職しているため、２人のキャリアの差はちょうど10年）ほとんど何も言い返さず、また、「何で自分がこんなこと言われなきゃいけないんだ」

というような表情でいるため、よけいその係長の攻撃がキツくなっている。

といった具合です。


私は、この2人よりも在職年数が長いその友人に、

「その係長、部下（沖田さん）ができる前はどんな感じの人だったの？」と尋ねました。

すると、

「え？　そういえば……。新入社員の頃から昇進する前ぐらいまでと比べると、ほとんど別人かも」

「いつも、役職者や先輩の機嫌をうかがって、オドオドした感じだったわね。いま訊かれて思い出したけど……」

「とにかく相手によって態度を変えるタイプだったわね……」

というようなことを答えてくれました。


やはりこれが、世の中のひとつのパターンなのです。

長田係長も、元はといえば、
「人の顔色が気になり」
「上の立場の人から攻撃を受けやすい」
というタイプでした。

しかし、自分がだんだん上の立場になり、そして下の立場の人が現れ始めるにつれて、受けた仕打ちを今度は自分がするようになったのです。

つまり、元・被害者だった人が、今度は加害者になったというわけです。

まとめ

人の顔色を伺い、上の人から攻撃を受けやすい人が、巡り巡って同じことをやってしまう。

12
その人のトラウマが、今の言動に繋がっていることを理解する

ではなぜ、被害者としてイヤな思い・つらい体験をした人が、今度は加害者となるのでしょうか？

前述の岸本さんの話を思い出してください。

彼はサッカー部の先輩にシゴかれた経験を、今度は自分が先輩になったとき、後輩に体験させせました。

これは、人にとってのイヤな思いやつらい体験というものが、あまりに多く深くなってくるとトラウマになるからなのです。

トラウマとは、言わば心の傷です。
そしてその傷は長年癒《い》えることなく、古傷としてずっとその場所に残っています。

その古傷と同じ場所に、同じような外部からの攻撃が加わると当然激痛が走ります。それも、何度も、です。
こうなると、「もうこんな痛みはイヤだ！」と叫ぶかのごとく、今度は反対のポジションに行ってしまうのです。

傷つけられるのがつらいから、傷つける側に回るのです。
悲しいことですが、仕方のないことでもあります。

同じことが、長田係長の身にも起きました。

入社から約10年、彼はいつも周囲の人、それも特に自分より上の立場の人にどう見られているのかがずっと気になっていたのです。

そして、とにかく嫌われないように気を遣い、言われることすべて断れず、周りの人の言動に一喜一憂しながら過ごしてきました。

目上の人たちはそんな彼の雰囲気に乗じて、からかったり攻撃したりスケープゴートにしたりしたのです。

そんな日々に嫌気がさしていた彼も、何年か経つと下には後輩職員が少しずつ増えていきました。

そうです。

今度は、自分が攻撃する相手を手に入れていったのです。

それまでの「トラウマ」という名の〝心の傷〟に触れさせないよう、自分から攻撃を開始しました。

「やられる前に、やる」

「やらなければ、自分がやられる」

とでも言うべき脅迫観念から、必要以上の叱責や罵倒という極端な行動に出たのです。

そして、ここが大事なのですが、**その相手は外見こそ沖田さん（部下）の姿をしていますが、誰でもない、「過去の自分」だったのです。**

もちろん本人にその意識はありません。

しかし、自分の中に隠しておきたい〝本質〟の部分をもつ人間が目の前に現れたとき、決して見たくなかった暗い過去が表面に出てきたことによって、自分の凶暴性すべてを使って抹殺しようとしたのです。

心を傷つけられるのがつらいから、やられる前に「傷つける側」に回る。

step 4

力学を変え、エネルギーバランスを調《ととの》える

13

「従順《じゅうじゅん》」しかなかった日常に、わずかな変化を与える

威圧的な人の背景や心理についての理解が深まったことで、かなり楽になったのではないでしょうか？

なぜなら、**世の中のあらゆる事象は、〝原因が分かった時点で、半分解決したようなもの〟だから**です。

ある医師に聞いた話ですが、「ほとんどの病気は、その原因さえ分かれば大半は治ったも同然」なのだそうです。

そこで、この章では実際に「威圧的な人」に対して、どういうアクションを起こせばストレスを感じなくてすむのかについて示していきたいと思います。

さらに、ストレスのない状態の先にある、「その人との関係」自体をガラッと

変えていきましょう。

広岡真美さん（仮名・44歳）は、大きな会社（サービス業）の受付窓口勤務として、小さな人材派遣会社から契約社員として勤務していました。

仕事自体はやりがいもあり、自分に向いていると思っていました。

しかし、その派遣先の正職員の人たちとの関係について悩みがあったのです。

元々優しい性格の広岡さんは、正職員、それもその受付窓口の女性責任者・杉谷さん（53歳）から特に契約外の仕事を頼まれることが多いと言います。

「それは、（責任上）私の仕事じゃないのでは……」と思いながらも、立場の弱さから断れず、結局ズルズルといろんな業務が回ってくるようになりました。

おっとりタイプの彼女は、自分の能力で処理可能な量の業務量であれば、確実に丁寧に遂行することができるのですが、そのキャパシティを越える質・量がやってくると途端にパニックとなり、すぐミスに繋がりました。

そして、そのミスの度に杉谷さんは、

「また広岡さんがミスをした」

「何度同じことを言わせるんだろう」

「(派遣会社も) もっとちゃんとした人を寄越《よこ》して欲しいよね」

といったことを周りのスタッフにこぼしていたそうです。

正職員が大半とはいえ、スタッフのほとんどが自分より年下だったため、広岡さんのダメージはさらに大きなものになりました。

ただ、その部署の管理責任者に逆らったり、周りのスタッフに嫌われたりということがあると契約を切られてしまうのでは、という不安があったため、従順に謝り、愛想笑いをして、枠を越えた業務依頼にも従い続けていたそうです。

旦那さんの給料も安定したものではなく、2人の子どもを抱える中で、なんとかこの仕事を失いたくなかったからです。


私はそこで、まず**盲目な従順、つまり〝「ただのいい人」を続けることをやめる〟許可を自分に出すこと**を勧めました。

この段階では、まだ具体的にどうする、ということはしません。

広岡さんの人生における、長年の基本姿勢みたいなものが出来上がっていたため、何か具体的なメソッドを提案したとしても、「体質」的にそれを拒否し、おそらくうまく実行できないからです。

基本姿勢とは、

「人からの依頼は断ってはいけない」

「断れば嫌われるか、何か不都合なことが起こる」

「我慢こそ、人生を生きていく上で絶対に必要なもの」

という（勝手な）3原則です。

ですから私は、〝自分への許可〟として、

「できないお願いを受ける必要はない」

「断ることは、相手が自分のことを嫌いになる原因にはならない。ただ〝事実を伝えただけ〟である」

「『できないこと』『したくないこと』を我慢してやる必要は、一切ない」

という言葉を、1日のうちのあらゆるところで唱える（アファメーション）ことをしてもらうようにしました。

期間は、2週間です。その間、起床時、通勤途中、昼休み、帰宅途中、入浴中、睡眠前と、それぞれ複数回ずつ実行してもらいました。

当然、頭の中で唱えるよりも実際に声に出して行う方が数段効果が違います。

しかし広岡さんは最初、頭の中で行うことにも抵抗があるというレベルでしたので、まずは声に出さずに始め、慣れてきたら声でということにしました（口に出せるようになったのは4日目から）。

このワークにより、広岡さんの潜在意識に刷り込まれている観念を、少しずつ新しい考えに上書きしていったのです。

「ただのいい人」を続けることをやめる許可を自分に出す。

14 「断る」という当たり前の行動を習得すると、世界は別の場所になる

2週間後に会ったとき、広岡さんの表情はかなり変わっていました。アファメーションの継続によって、心の奥底で文字通り固まってしまっていた「固定観念」が書き換わり始めていたからです。

「言葉のチカラ」というものは偉大なもので、自分の頭の中だけで言うよりも、自分の口で音声として発すると魂が込められます。手書きの文字で紙に書くというのも、「形」として表されるため、そこに力が乗ります。

前項の言葉を4日目から10日間、1日のうちに何度となく「口に出す」ことを

広岡さんに続けてもらいました。

そして今度は実際に、杉谷さんが依頼してきた契約外の仕事を「断る」ということに挑戦してもらうことにしました。

ここが、とてもシンプルで重要なところです。

イヤなこと・無茶な要求を、断る。

これは、人としてごく当たり前のことであり、自然なことです。

しかし、現代人、それも日本人にとってはかなり難しいと感じる人が多いのです。

広岡さんのように優しい性格で、人との「和」を重んじるタイプだとますます難しいでしょう。

しかも派遣社員という立場ではなおさらです。

それでも、だからこそ、大事なのです。

ここを避けていると、ずっと「我慢する人生」のままです。

〝泣き寝入り〟してばかりの毎日をずっと続けていたいでしょうか？


そんな状態を望む人はいないでしょう。

なのに、とても多くの方がそんな現状を引き寄せています。

そして、そこから脱することができないのです。


まずは、理不尽な要求・ムチャなお願いについては毅然と、そして丁寧に〝お断り〟しましょう。

それは決して、「悪いこと」でもなんでもないのですから。

〝当たり前のこと〟なのです。


「すいませんが、できません」

とてもシンプルで短い言葉です。

早口言葉でもなんでもなく、舌が回らないなんてこともないはずです。

もし「言いにくい」としたら、それはあなたの中での「断ってはいけない」「断れば嫌われるかも」というブロックがそうさせているだけなのです。

そうです。

言いにくくさせているのは、誰でもない、〝あなた自身〟なのです。

広岡さんが行ったワークのように、そのブロックを、ここで、解除してあげましょう。

このシンプルワードを口に出せるようになると、世界が違って見えてきます。

この世の中は、制限されたことばかりの「窮屈《きゅうくつ》な場所」ではなく、もっともっと「自由で広い場所」なのです。

「イヤなこと・無茶な要求を断る」は、とてもシンプル。

15 「気持ちを伝える」というシンプルなことができなくなった自分を覚醒《かくせい》させる

早い話、広岡さんは自分の意思表示ができなくなっていたのです。

それも、何（十）年も。

これは、非常にもったいないことであり、ちょっとした悲劇です。

子どもの頃は、誰もが〝当たり前に〟自分の気持ちを伝えていました。

それは、すぐに、そしてストレートに。

「そんなのイヤだよ！」

「私、やりたくない！」

「絶対イヤ」

「〇〇君が自分ですれば？」

こんなシンプルな言葉の応酬が、友だち同士で、兄弟姉妹で、親子間で一日に何度も交わされていたはずです。

そして、そのことによって根本的な友情や家族関係が崩れるなんてこともなかったでしょう。

むしろ、本音を言い合える間柄こそが真の友情関係・兄弟（姉妹）関係・親子関係だと言えます。

言いたいことを押し殺して相手の要求ばかり飲んでいるというのは対等な関係ではなく、ただの「主従関係」です。

ただ、ここで「広岡さんのケースは委託元と受託側の業務依頼なのだから、主従関係だとしてもしょうがないのでは？」という意見が挙がるかもしれません。

しかしそれは、正当な「業務委託契約」内のことです。

その範囲を越えたムチャな要求については当てはまりません。

第一、杉谷さんも委託元の会社では従業員ですから、広岡さんとの関係が〝主従〟なんてことはないのです。


こういったことをお伝えし、広岡さんには再び2週間の(フィードバックや軌道修正の必要性から、ひと月ではちょっと長いのです)実践期間に入っていただきました。

今度は、相手に対して実際に、

「(すいませんが、)できません」

と、お断りすることと、

「私は、(ムチャな要求を)とても苦痛に感じています」

と、自分の気持ちを伝えることです。

これまでの広岡さんであれば、まず出来なかったでしょう。

でも、もうアファメーションの繰り返しによって見えない制限は解除されています。

広岡さんは、杉谷さんの明らかな委託契約外の要求（本来正職員が行う、行政機関への請求事務及び交渉）に対して、

「すいません。さすがにこれは、私のような派遣社員にとっては何かあった場合の責任が取れませんので、できません。今まで似たような件でも、断りきれず受けてきた私も悪いのですが、ずっと苦痛に感じていました」

と、**クッションとなる言葉や、断る根拠を示しつつ、**きちんと伝えることができたのです。

こう言われたときの杉谷さんの反応はといえば、これまでとはまったく違う、予想もしていなかった広岡さんの返事を聞いて、明らかに驚きと不快さが滲《にじ》み出た表情だったといいます。

しかし、〝根拠〟の示された言い分ですから何も言い返すことができず、「そう。じゃあいいわ」と少し怒った雰囲気で引き下がったそうです。

広岡さんは、清々しい気分でした。**もやもやした、行き場のない濁《にご》ったエネルギーを放出した感じがした**と語ってくれました。

そして、**何か自分の生きている場所が広くなった気がした**そうです。

広岡さんが、長い間かかっていた（実はかけていたのは自分なのですが）催眠術から解かれた瞬間だと言えるでしょう。

クッションとなる言葉や、断る根拠を示しつつ、きちんと伝える。

16

相手の得意領域に踏み込んでいく勇気が「革命」を起こす

ここで広岡さんと杉谷さん、２人のポジション（立場）を、性格や長所・短所というものを抜きにして客観的に考えてみましょう。

広岡さんは派遣社員という性質上、委託元との契約に基づき、与えられた範囲の仕事を決まった時間の間、遂行するという立場にあります。

決められた範囲（時間・権限）内だけやれば良い、
という見方もできる一方で、
決められた範囲を越えてはいけない、

という見方もできます。

対して正職員である杉谷さんは、従業員でありながらひとつの部署を任され、配下の職員を使ってきちんとした成果を求められているという立場にあります。

ですから広岡さんとは違い、その成果を出すためには、

「権限の範囲をフルに使い」

「権限を越えることであれば、その上の職位の人にも交渉を行う必要があり」

「時間がきたから終わり、ではなく、時間外勤務申請をして許可をもらいながら業務を完結させていく」

という必要があります。

こう書くと、広岡さんの悩みの元である杉谷さんも、大変な立場にあることが分かります。

広岡さんも、このことを（自分の都合や価値観を脇に置いて）よく認識してお

くことは大事です。
なぜなら、**自分の嫌いな人・苦手な人の領域に踏み込むことは、人生を大きく変えるカギとなる**からです。

杉谷さんの領域・分野ですから、具体的なキーワードとしては、

・成果
・統率
・責任
・完結

と言えるでしょう。

こうして見ても、やはり広岡さんの苦手なものばかりです。
だからこそ、この中のひとつでもいいです。
何かの仕事においてひとつの成果を出して認められたり、
誰かの言いなりになるのではなく、自分で誰かを交渉・説得して動かしてみた

り、

何かの業務遂行についてしっかり責任をもったり、

与えられた仕事を期限内にキッチリと完結させたりと、

どれかのキーワード（分野）をしっかりと実行することができたならば、自分自身が大きく変わります。

そして、そのことによって周りの見方や評価も変わり、人生が大きく動き始めるのです。

もう、「断る」ということが出来るようになり、大きな前進を始めている広岡さんです。

決して不可能ではありません。

私は、先ほど挙げた4つのキーワードについて、実行しやすい順番を提示しました。

それは、

①物事を完結させる

②そのことに責任をもつ

③その上で成果を出す

④①～③までを、他者を統率して実践させる

というものです。

広岡さんに限らず、世間一般の人についても求められるのが①と②です。

仕事上のことであろうがなかろうが、このことは人から信頼されるためには必要不可欠な要素なのです。

責任をもって物事を完結させると、周りの見方や評価が変わってくる。

17 ポイントは、その人の大嫌いな面を自分が演じてみること

〝責任をもって物事を完結する〟に当たって、広岡さんはいかに自分が今までそうではなかったかを思い知ったと言います。

つまり、それまでは何事においても中途半端で、またそのせいで事態が悪化したとしても、責任からはいつも逃げていたというのです。

そのことが自覚できたとき、ついには、

「ほかの人から見ると、私ってすごくイライラする存在だったんですね」

と、涙まじりに語ってくれました。

だからこそ、絶対にそこから脱したいという気持ちも強まったのです。

ここで、自分が持っていない能力を自らのモノとしたいときに大事なのが、「演技」です。

つまり、普段自分が言われたり、されたりしてイヤなことを、その役になりきって演じてみるのです。

誰かの仕事（自分の仕事）に対してチェックを厳しくしたり、しつこいぐらい確認したり、さらには「これがうまくいかなかったら誰かが困る」ということを、人にも自分にも常々言い聞かせるといいでしょう。

これまで広岡さんが、杉谷さん（や、これまで出会った同じタイプの人たち）にされてきたことを自分がするのです。

もちろん最初は抵抗があるでしょう。

そして、うまく演じきることも難しいはずです。

しかし、学生時代の演劇を思い出してみると分かるように、最初は誰も、演技がうまくできるはずがありません。

数をこなし、慣れてくるにしたがってどんどん上達してくるのです。

広岡さんも、まずは小さなこと、例えば書類のちょっとした誤字・脱字のチェックから始めました。

それも、やはり入社してまだ1年目・2年目ぐらいの新人正職員に対してです。

相手は正職員といえども、親子に近い年齢差ですので、何か厳しいチェックを入れるのも抵抗が少なくできたからです。

慣れてきた頃には、次のステップとしてもう少し難易度が上の書類についての内容・整合性のチェック、窓口応対での指導やアドバイスといったものへと上げていきました。

相手も、1〜2年目の新人レベルから、3〜5年目まで広げています。

そして役者生活が1ヶ月を過ぎた頃のセッションでは、

「最近、この性格は、果たして演じているのか、〝素《す》〟の自分が奥底から顔を出しているのかがよく分からなくなりました。なにより、この『役（割）』が、意外と気持ちいいんです」

と、こちらが驚くような変化も起こり始めていたのです。

こうなるとしめたものです。

いわゆるプラスのスパイラルに入った状態ですので、広岡さんが言うように、演じている本人は気持ちよくなってきます。

「人生のポジションチェンジ」が起こることによって、周囲の反応、見る目が変わってきたのです。

まとめ

「ほかの人から見ると、私ってすごくイライラする存在だったんですね」が自覚できるようになる。

18 〝正当手段を行使する許可〟を自分に与える

好循環に入った広岡さんの話を聞いていただいている途中で、水を差すようで恐縮なのですが、まったく違う主旨のお話をします。

というのも、この「好循環の最初の入り口」に立てない方もおられるからです。最初の段階のお断りや拒否、気持ちを伝えるといった、人として当然の権利さえも行使できなくなってしまっているのです。

この方たちは、**相手がよほど批判的・攻撃的な人だったり、またはその加害者・被害者関係が長すぎたりということに原因があります。**

こうなると、本当につらい状況です。

そこで、違う側面からの提案です。

正当な手段での「外圧」を使うことも考えてみましょう。

具体的かつ最初の一歩としては、その攻撃的な相手に対して、

「すいませんが、その威圧的な言い方や態度をやめてもらっていいでしょうか？私はかなり困っています。このままでは通常業務に支障がありますので、〇〇に相談させてもらおうかと思っています」

と伝えるのです。

〇〇には、自分の上司、相手の上司、労働基準監督署などが入ります。

こういった仕事上・労働上のことであれば、相手にとっての上位者や上位機関に、現状と心情を知ってもらう、またそのことをほのめかすのです。

相手は、かなり（表面では平静をよそおったとしても）うろたえるでしょう。

初めてそういったことを現実として言われたからです。

相手と場合によっては、

「どこに証拠があるんだ」

「そんなことすればどうなるか分かってるのか」

といったことを言ってくるかもしれません。


こういうときのために、そしてこういうことを言ってきそうなときに、録音しておきましょう。

ＩＣレコーダーでもスマートフォンの機能でもいいです。

今なら簡単にそういうことができます。


そういったことを伝えても改善が見られない人、そして、「先ほどのセリフを相手に直接言うことがどうしてもできない」という人は予告なしに、該当の上位者もしくは上位機関のところへいきましょう。

確実に、現状は変わるはずです。

そんなことをしてはいけないのではないかと思う人も多いかと思います。特に日本人はこう考える傾向が強いです。

しかし**今のご時世、明らかなハラスメント（いやがらせ）については、社会がそれを許さない傾向がありますので、過剰な遠慮は無用です。**

ほんのひと昔前と違い、本当にありがたい時代になってきました。

社会的に弱い立場にある人たちを救済する仕組みが整ってきているのです。

ですから、その「当然の権利」を行使するという許可を、自分自身に与えてあげてください。

このまま〝泣き寝入りの人生〟を続けるよりはよっぽどいいはずです。

ところで、そのイヤな相手が職場などの労働上でない場合はどうでしょうか。

学校やＰＴＡの関係、親子・兄弟・親戚、近所づきあいなど、様々な立場と関係があります。

どの場合でも、その人の上位者または、その人にとって社会的・法的に強い位置にある人や機関というものはあるはずです。

例えば教師や教育委員会、その人の親や伴侶、自治会長、行政のあらゆる相談窓口、警察や裁判所、弁護士、マスコミといったところです。

また、**そこへ訴えかけることによって、適切な相手を教えてもらえることもあるでしょう。**

繰り返しますが、大事なのは泣き寝入りの人生、我慢だけの毎日から抜け出すことにあります。

「威圧的な言い方や態度をやめてもらえないと、労働基準監督署に相談させていただきます」と、外圧をかける。

19
自分を解放すると、〝本来のチカラ〟を取り戻せる

広岡さんの話に戻りましょう。

これまでのステップを少しずつ実践していくことにより、約半年かけて彼女の周囲の状態は大きく変わりました。

杉谷さんは契約の範囲を越えた仕事のムチャ振りはしなくなり、（杉谷さんに迎合していた）若手の正職員たちは、広岡さんの陰口を言わなくなったどころかむしろいろいろな面で広岡さんを頼り始めたのです。

彼女も、

「周りの態度がこんなに変わるなんて、半年前からは想像もできません。皆まるで別人のようです」

と、とても嬉しそうに報告してくれました。

しかし、みなさんもお気づきのとおり、**変わったのは周囲ではなく、広岡さん自身なのです。**

「過去」や「他人」を変えることは不可能ですが、彼女は**「自分」を変えることによって、「未来」を変えた**のです。

「はじめに」でもお伝えしたように、半年前の広岡さんは、完全にエネルギーを失っていました。

しかし一連のステップを実行することによって**本来の自分のチカラ、エネルギーを取り戻すことに成功したのです。**

「取り戻した」のですから、このエネルギーは元々彼女自身が生まれたときすでに持っていたものです。

その生まれながらのエネルギーを、彼女自身が自分の「エリア」とでも言うべき立ち位置・生き方を狭めることによって失っていました。

人は誰しも喜怒哀楽の感情を持って生まれてきます。

この4つの感情には、性質は違ってもそれぞれ大きなチカラがあるのです。

広岡さんは、この中で特に「楽」の感情に片寄る傾向があり、「怒」の感情から逃げがちでした。

エネルギーという点で言えばこの「怒」のエネルギーはとても大きなものなので、このエリアを放棄するとかなりパワーダウンしてしまうのです。

半年前までは、この「怒」のエリアの住人は（広岡さんにとっては）杉谷さんでした。

広岡さんは、この苦手な人・苦手なエリアを避け続けたため、人が本来持っているパワーのうちの一つを完全に放棄していたと言えるでしょう。

これは、とてももったいないことです。

どの感情も、人が生きていく上で、そして人との「共感」を得る上では必要不可欠なものだからです。

ネガティブな感情があるからこそ、ポジティブな感情も生まれます。

逆もまたしかりです。

〝光〟があれば必ず〝影〟が生まれる（陰と陽）ように、自然の摂理なのです。

そして、**この苦手なエリアにこそ、自分の人生を大きく動かしていく「鍵」が**

埋まっているのです。

このエリアから目をそむけているからこそ、人生を止めているとも言えるでしょう。

どんな人にも、苦手な人・苦手な感情というのがあります。

そこに対して過剰な拒否反応を示すことは、パワーダウンに繋がってしまうのです。

「過去」や「他人」を変えるのではなく、「自分」を変えることによって、「未来」が変わっていく。

step 5

「人間関係の原点」となった場所を立て直す

20
今の性格になった原体験を思い出すと、すべてが明らかになる

ここまでお話ししてきた所だけでもかなり、威圧的・攻撃的な人への攻略法が見えてきたことと思います。

しかし、〝根本的〟な改善のためには本章が欠かせません。

なぜなら、あなたが今もっている〝人間関係の基礎〟を形成した要因は、「幼少期の家族関係」にあるからです。

つまり、**あなたが今の性格、キャラクターになったのはあなたが生まれ育った家族の誰かとの関係や、それによるトラウマが起因しているのです。**

具体的なお話をしましょう。

私が、松井光太さん（仮名・25歳）と最初に会ったときに彼は、かなり元気のない青年でした。

何か「人生自体をもうあきらめている」とでもいう感じで、生気がないのです。私のところへ相談に来られたのも自分の意思ではありません。

息子の様子を見ていてあまりにも心配になったお母さんが、友人からの紹介で私のことを知り、無理に連れてきた、という状態だったのです。

光太さんは、大学卒業後に入った流通会社の製品管理の仕事を、2年で辞めました。

原因は、やはり上司、それももちろん威圧的な上司のストレスに耐えきれず、というものです。

そして、大きな会社の事務員に転職。

1年ちょっと経つのですが、ここでも上司の威圧的な言動で悩む日々だというのです。

入って間もない頃、まだ何も分からないのが当然なのに、ちょっとしたミスでも怒鳴られました。

他の同期入社の社員が同じようなミスをしても、そんなにひどい言い方ではありません。

なぜ、自分はいつも似たような上司ばかりもつのか。

なぜ、他の同年代の職員には普通の態度で、自分ばかりにイヤなことを言ってくるのか。

どうせ自分は役立たずで、自分がやることなど誰も認めてはくれない。

自分が完全にネガティブスパイラルに入ってしまっていることは、光太さん自身もよく分かっていました。

こうした、**違った場所でも同じ要因で悩むという〝体質〟には、その原因となった体験、それも子どもの頃のものが必ず存在します。**

問診を重ねた結果、それは小学校4年生のときの出来事だと分かりました。

6年生の卒業を目前に控え、全校生徒による卒業式の練習が行われていたときのことです。

セリフを任されている生徒が、順番に自分のパートを元気よく発表していました。

光太さんは、まだ順番ではないところで、自分のセリフを大きな声で叫んだのです。

全体の流れとは関係ない、まったく場違いなセリフでした。

体育館中が一瞬の静寂《せいじゃく》に包まれた次の瞬間、全校生徒の笑い声が響きました。

前方にいる6年生たちや周りの同級生はもちろん、下級生たちも大笑いしています。先生方もです。

練習中にはよくある間違いと笑いの一場面です。
しかし**彼にとってみれば、全員が自分のことを嘲笑している、言わば世の中に否定されたような、大きなショックを受けた体験だったのです。**

それ以来光太さんは、自分が何かをするとき
またミスをしてしまうのではないか、
それでまた皆が笑うのではないか、
笑われなかったとしても、どうせ認められない
という固定観念が植え付けられていったようなのです。

あなたが今もっている〝人間関係の基礎〟を形成した要因は、「幼少期のトラウマ」にある。

21 自分を最も苦しめた人は誰だったのかを突き止める

前項で示したようなトラウマが、その後の人生や価値観に大きな影響を与えていることがお分かりいただけたと思いますが、章冒頭で示したように、こうして同じ質の人間関係を別の職場で繰り返すということは、やはり幼い頃の家族の誰かとの関係が影響していることに間違いありません。

むしろ前項のトラウマさえも、その人との関係が原因と言って良いでしょう。

光太さんの場合（実はかなり多くの方がそうなのですが）、それはお父さんとの関係にあることがすぐに分かりました。

お父さんは光太さんが幼い頃から、特に小学校に入学したぐらいから、厳しい躾《しつけ》を行うようになったといいます。

いいえ、「躾」と言えば聞こえが良いのですが、とてもそのレベルにはおさまりませんでした。

物をきちんと片づけていなかったら怒鳴られる、ひどいときには叩かれる。好き嫌いをしたら叩かれ、それ以降の食事を（お母さんに）取り上げさせる。セールス関係の仕事だったのですが、自分の仕事がうまく行かず、イライラして帰ってきたときにはいきなり、

「光太！　ちょっと来い！　お前、どうせ今日もゲームばっかりしてたんだろう！　ちゃんと勉強したのか！」

と言いながら頭を叩かれたり。

光太さんの2つ年上のお姉さんにも、八つ当たりのようなことはあるそうなのですが、暴力まで振るわれるのは男である光太さんばかりだったそうです。

そして、「今でも鮮明に覚えています」と話してくれたのが、小学校3年生の

夏の出来事。

学校の、算数のテストでかなり悪い点数を取って帰ってそれを見られたときのことです。

当時光太さん一家は市営団地の3階に住んでいたのですが、お父さんはその物干し場に光太さんを無理矢理引っ張り出し、そこから外に向かって自分の名前、今日のテストの出来が悪かったこと、もうこんな点数を取らないように必死で勉強することを大声で宣言しろというのです。

その団地は小さな公園があり、その四方を同じ団地の棟で囲んでいます。

その公園に向かって物干場から叫べというのです。

夜の7時ぐらいで、そんなに暑い日ではなかったので、どこの家庭も網戸で風通しを良くして一家で夕食を食べているようなときでした。

ですから、光太さんが叫べば、5階建ての4棟すべてによく反響して、多くの家庭に聞こえたはずなのです。

そんな中、光太さんは、

「僕は！　〇〇小学校3年！　松井光太です！

今日僕は！　算数のテストで！　20点を取ってしまいました！

これからは！　もうこんな点数を取らないように！　一生懸命勉強します！」

と叫んだのです。

それも、「声が小さい！　もっと大きな声で！　もう一度！」と何度も。

中にいるお父さんから許しが出るまで続いたそうです。

当然お母さんも、息子がかわいそうだと思っていたのですが、夫の感情の爆発が恐くて、止めることができなかったそうです。


こうした行為は、大学生になって他県で一人暮らしを始めるまで、お父さんの「支配」下にある間は続いたのです。

そして、これらの理不尽かつつらい体験が、光太さんにとって、
・上の人の理不尽な要求にも従わなければならない

・この世はつらい場所・生きにくいところ
・自分のやることは上の人を怒らせてしまう
・自分が何か言えば周囲に嘲笑《ちょうしょう》される
・自分の感情はあまり出さず、起こることすべてを我慢して受け入れなければいけない

といった概念を植え付けたのです。

ここまでひどくはなくとも、こうした、**必要以上に厳しい父親（母親）等の影響によってその後の人生のポジションや概念が決まってしまうことがとても多いのです。**

親の影響によってその後の人生のポジションや概念が決まってしまう。

22 その人が「ダーク・サイド」に転落した背景を感じる

光太さん（と似たタイプの人）が、いつも威圧的・攻撃的な人を引き寄せてしまい、悩む日々を送るにいたった原因をお話しました。

世の人間関係には必ず原因があり、その結果として現在の悩みや喜びがあるのです。

そしてここで、もうひとつの真実があります。

光太さんのお父さん（つまり、威圧的・攻撃的な人）にも、その性格になるにいたった原因・体験があるのです。

加害者か被害者かは関係ありません。

極端にどちらかのポジションの住人として在住している場合、その反対側の住人の影響でそこにいるのですから。


こういったことを説明すると、光太さんは、

「じゃあ、父があんなに厳しく人を攻撃する性格なのは、僕とは反対で、父が小さい頃におじいちゃん（またはおばあちゃん）がオドオドした人だったっていうことですか？

それはないと思うんですが……。

だって、今でこそかなり年を取ってあまり元気ではないおじいちゃんですけど、僕が小さい頃、盆や正月に田舎に行ったときには結構いつも恐い感じがしていましたから。

そりゃ、孫の僕に何か厳しいことを直接言ってきたことはなかったですけど」

とのこと。

それを聞いて私はすぐに松井家の力学のストーリーが理解できました。

そして、こう伝えたのです。

「光太さん。お父さんも実は、光太さんとまったく同じだと思います。つまり、お父さんも幼い頃、厳しい父親（おじいちゃん）に攻撃され続けたんです。

その結果、その状態に対して『もうこんなのはイヤだ！』とばかりに反対側に行ったんだと思います」

これを聞いた光太さんは、にわかには信じられないといった感じでした。

しかし、（事実確認が取れたわけではありませんが）おそらくこれは真実です。

人は、極端にフワフワな人・ダークな人と対峙したとき、それぞれの反対側のポジションを取るものです。

そしてその場所がつらすぎたり、時間が長くなりすぎたりすると、「もうイヤだ！」と反対側に行く傾向が強いのです。

つまり、フワフワした人を見てダークな管理・イライラ攻撃を続けていた人が、急に責任を放棄していい加減になったり、イライラしている人に会ってオドオド・真っ白になっていた人が、理論武装してダークな攻撃を人にし始めたりということが多くあります。

光太さんのお父さんもこの後者だと言えるでしょう。

お父さんも、元・被害者だったのです。

お父さんと光太さんは、同じなのです。

お父さんはそのつらさゆえ、その場所から出ました。

そのまま、優しさを保ちながら〝ちょうどいい〟管理能力・理論武装を身につければ良かったのですが、なかなかそうはなりません。

「極端」な場所の住人は、反対側の「極端」エリアにいくものなのです。

この悲しい歴史を、頭ではなく心で理解しましょう。

誰も、悪くないのです。

威圧的・攻撃的な人にも、その性格になるにいたった原因・体験がある。

23
「されたこと」と同じ数の、「してもらったこと」を知る

この仕組みと歴史を知り、「確かにそうかもしれない」と思った光太さんは、さまざまな思いを消化しきれないといった様子でした。

そしてセッションを一時中断し、「少し一人で考えてみます」と散歩がてら外へ行かれたのです。

1時間ほどして帰ってきた光太さんからは、いろんな言葉が聞かれました。

・子どもの頃、僕と同じように自分の父親にキツい扱いを受けたのに、我が子に同じ仕打ちをしたというのか

・おじいちゃんも、自分の親の性格に影響されてそんな性格になったのか
・もっと、誰もがつらい目にあわずに済む生き方はないのか
・「被害者」だった人が「加害者」になるなんて、どうしても認めたくない
・では、自分もそうなってしまうのか
・我が子にあんな仕打ちをして、心は痛んでいないのか

とにかく、それまで経験したことのない葛藤が、心の中で渦巻いていたのです。

そこで私は、**「心の中の『被害届』ばかりにフォーカスするのではなく、『感謝状』に意識を向ける方が楽ですよ」**とお伝えしました。

つまり、「(マイナスの)されたこと」と同じぐらい、「(プラスの)してもらったこと」を書き出してみるのです。

このワークは、まず間違いなくこれまでにしたことがない分、強力なものとなります。

例えば、白い紙の右側に箇条書きで、「されたイヤなこと」を書きます（例・テストの出来が悪いと頭を叩かれた）。

そしてそれを打ち消すかのように、その左側に「してもらったありがたい（嬉しい）こと」を書くのです（例・自転車を買ってもらった）。

「されたことは簡単に思いつくけど、してもらったことはなかなか思い出せない」という方が多いかもしれません。

しかし、深いところを考えたり、見方を変えるだけでかなりの数が挙がるものなのです。

例えば、

・この世に送り出してくれた

・名前をもらった

・仕事をして、家計を支えてくれた
・一緒に遊んでくれた
・幼少のとき、抱っこしてくれた
・名前を呼んで、抱きしめてくれた
・お風呂で体を洗ってくれた
・病院へ連れて行ってくれた
・学校へ行かせてくれた

実は、とてつもない数の「してもらったこと」があることに気づくはずです。

このワークに真剣に取り組み始めた光太さんは、時々書き込んでは手を取め、遠くを見て、また書いて、といったことを約30分続けました。

渡したA４紙はもうびっしりです。

そして、静かに泣き始めました。

こうした視点でお父さんのことを考えたことは一度もなかったのですから、当然かもしれません。

お父さんも、お父さんなりに必死に生きていたのです。

また、恐かったのです。

どこの親も、完全ではありません。

ただ、正しいやり方・育て方を知らなかっただけなのです。

そのことによって子どもは幸せにはならなかったかもしれません。

それでも、どの親も、自分たちが知っている限りの最善の方法で懸命に育てたのです。

心の中の「被害届」ばかりにフォーカスするのではなく、「感謝状」に意識を向ける方が楽。

24 つらかった気持ちを吐き出し、エネルギーを放出すると〝憑《つ》き物〟が取れる

そうです。
光太さんだけでなくどんな人も、自分の親（や兄弟・姉妹）に対して、されたこと・してもらったこと・してくれなかったこと等について様々な〝わだかまり〟をもっています。

そしてそのことが、長い間私たちを苦しめたりするのです。

マイナスの「されたこと」と、プラスの「してもらったこと」とのバランスが取れるようになった次のステップとして、私は光太さんに、

「内側の感情を相手に向かって、出す」

ということにチャレンジしていただきました。


簡単に言うと、「自分の気持ちを伝える」ということです。

つまり、

「されてイヤだったこと・つらかったこと」

をお父さんに正直に伝え、その後、

「してもらって嬉しかったこと・幸せだったこと」

についての感謝の気持ちを伝えるというものです。


これができると、**「心のデトックス（解毒《げどく》）」が可能となり、驚くほど気持ちがスッキリします。**

長年たまった〝負のエネルギー〟を外に放出し、その結果〝正のエネルギー〟で心身が満たされていくからです。

もちろん、両方を同時に、そして直接できると良いのですが、なかなかそんな人は稀でしょう。

なぜなら、

「負の感情をぶつけようとすると〝恐れ〟や〝遠慮〟が湧き上がり」

「正の感情を伝えようとすると〝照れ〟や〝気恥ずかしさ〟が上がってくる」

からです。


ちょっと想像すると誰でもお分かりいただけるでしょう。

恐れも照れも、当然です。


そこで光太さんには（実はほとんどの方についてもそうですが）、手紙という手段をとっていただくことにしました。

これなら、面と向かって相手に言うわけではないため、遠慮なく、思っていること・思ってきたことを紙にぶつけることができます。

この際に注意していただきたいのが、パソコンではなく手書きで〝書く〟ということをしてください。

パソコンの方が早く書けて、間違ったときも簡単に修正できるからいいと思うかもしれません。

その気持ちはよく分かりますが、今回は遠慮してください。

やはり、手で紙に書く、という方が力（魂）が乗るのです。

そして、じっくり一字ずつ書いていく過程でもいろんなことを思い出し、その行間ごとにも気持ちが込められていくからです。

もらった相手がその手紙を開いたときに受ける印象も、活字より手書きの字の方が、感情に訴えかけるというのも理解できると思います。

光太さんにももちろん手書きで、そしてじっくりと時間をかけて書いてもらいました。

光太さん自身も、

「まず**『されてイヤだったこと・つらかったこと』を書いていく中で、怒りや悲しさ、寂しさ、もどかしさ、とにかくいろんな感情が出てきました。なんと表現したいいか分からない、名前を知らない感情も出てきて、涙があふれました。**途中何度もペンが止まり、本当に時間がかかりましたが、**負の感情を書ききったとき、本当にスッキリとした気持ちになれました**」

と語ってくれています。

これだけで、便箋用紙を何枚も使ったそうです。

それほど、悲しい体験があったのです。

されて、言われて、つらかったことが山ほどあったのです。

本当はして欲しかったこと、言って欲しかったことが、とてつもなくいっぱいあったのです。

そしてそのことを書き切ったとき、ドロドロした負のエネルギーが光太さんから出ていきました。

「されてイヤだったこと」を正直に伝え、「してもらって嬉しかったこと」への感謝の気持ちを伝える。

25

過去のすべてを許し、感謝することで力強く前進できる

マイナスの感情を吐き出し、ずっと言いたかった（叫びたかった）ことを文字としてアウトプットすることで「心のデトックス」は終わりました。

次のステップが、〝許して〟そして、〝感謝する〟ということ。

一見、長い期間つらい仕打ちをしてきた相手を許し、感謝するというのはとても難しいことのように感じます。

ところが、（実行してみた人は必ず驚くのですが）先ほどの「されてイヤだったこと」「してもらって嬉しかったこと」を書き出すワークを行い、「手紙」とい

う正式な形でマイナスの感情を吐き出し切ると、自然に〝許し〟の感情が湧き上がってくるのです。

ドロドロの土を深く深く掘っていったとき、その掘った先からきれいな水が湧き出してくる感覚とでも言えばいいでしょうか。

呼吸とも似ていて、汚れたものをすべて完全に出し切ると、きれいな空気が肺一杯を満たしていきます。

〝感謝〟という最も清々しい感情が自然に生まれてくるのです。

私たちは、皮肉なことに、本来最も感謝すべき相手を憎んでしまうという傾向があります。

この世に生み出してくれた「親」という存在を、その関係の深さゆえ、最大の恨みの対象にしたりするのです。

本来ならば、「命を与えてもらった」というだけで無条件に感謝し続けても良いはずなのです。

誰も、頭ではそのことを理解しています。

しかし、そうはなりません。

距離が近く、接する回数が多いがために、成長していく過程での様々な言動、仕打ちというものによって、反対に「恨み」の相手になることが多いのです。

これを私は、「ごまかし」であると感じています。

つまり、**本来ならば最も「愛情」を感じ合いながらお互いをサポートし、幸せになっていくはずの関係なのに、人生のド真ん中を歩くのが恐いために、〝そうしなくて良いための理由〟を作り出している**のです。

つまり、自分の中にあるはずの原因を、他人や環境などの外部要因にすり変えていると言ってもいいでしょう。

まさに今この状態にある方は、「すごく納得」かもしれません。

でも、これではもったいないのです。

せっかくの一度きりの大切な人生です。

その、「人生」という大海をともに進んでいくための「家族」という名の船に乗り合わせているのですから、これまでの気持ちを吐き出したならばすべてを許し、ただただ感謝をしてみましょう。

その船は、大きく前進を始めるはずです。


光太さんは、手紙の中ではあってもすべての感情を吐き出し、許し、感謝することができました。

そのすべての思いを、大量の便箋にしたためたのです。

光太さんの心の中は、
「とてつもない嵐が吹き荒れ、
大雨が降った後、
雲間から陽の光が差し始めたと思ったら、

気持ちの良い快晴になったみたい」

だったといいます。

その後少しずつ、お父さんを毛嫌いする気持ちも失せていき、それが元で起こっていた『目上の人への苦手意識』、それも「威圧的な人に感じていた必要以上の恐れ」というものがなくなっていったそうです。

そして数ヶ月後には、今の職場のイヤな上司にも、言いたいことは言える健全な上下関係を築けるようになりましたと、嬉しそうに報告してくれました。

これまでの気持ちを吐き出したならば、すべてを許し、ただただ感謝する。

step 6

被害者は、強力な「加害者予備軍」であることを知っておく

26

「自分の分身」のような他人を目の前にしたら、どうする？

浅井純子さん（仮名・39歳）は、娘の美沙さん（仮名・14歳）のことで悩んでいました。

通っている中学校で、クラスメートにイジメを受けているというのです。

クラスメートといっても全員からというわけではなく、小学校の頃から仲の良かった4人に、この数週間あからさまに無視されたり、仲間はずれにされたりし始めたようなのです。

なんだか急によそよそしくなったと思ったら、ＬＩＮＥでの既読スルーから友だち削除、その後もＬＩＮＥ上・現実双方で悪口を言われているらしいとのこと。

いつも一緒にいた仲間だっただけにそのショックは大きく、気持ちと一緒に食欲も落ちていきました。

そして、両親が恐れた通り、美沙さんは不登校を繰り返すようになったのです。

純子さんは、我が子が悩んでいる姿を見てショックであると同時に、苛立ってもいました。

「イヤなことをされたのなら、相手に文句のひとつも言ってやりなさい！」

と怒鳴ったりもするといいます。

しかし、そうするとますます美沙さんは塞《ふさ》ぎ込んでしまい、

「今日も学校行かない」とか、「夕飯いらない」と、自分の部屋から出て来なくなるのです。

純子さんにとって、美沙さんを見ていてもうひとつ心が痛くなる要因がありま す。

今の美沙さんの姿は、中学生時代の自分の姿そのものなのです。

そうです。

純子さんも、少女期は美沙さんのように、

・他人の顔色や言動が気になり

・そのせいか人をイラつかせ

結果としてイジメられていました。

そして、そんな自分とその「体質」がイヤになり、大学進学を機に地元を捨て、自分のことを知っている人がいない土地で性格を変えて再出発したのです。

当然、新しい自分の性格は、（もう被害者になりたくないため）「批判的・攻撃的」なものです。

ただ、この本の読者の方であればもうお分かりだと思います。

この、**純子さんが手に入れた新しい性格のために、娘の美沙さんは家族内でそ**

の〝被害者〟とでも言うべきポジションへ追いやられ、少女期の純子さん同様、「イジメられ体質」となったのです。

この原理・カラクリを、美沙さんがいないときに母親の純子さんにお伝えしました。

純子さんは、ショックではありましたが、昔の自分と照らし合わせてみてすぐに納得してくれました。

昔の自分とそっくりな娘がいる。

そして、娘を「昔の自分」にしてしまったのは、今の自分。

純子さんは、蘇ってきた過去の感情と、現在の罪悪感とが入り交じったらしく、その場に泣き崩れました。

「自分の分身」のような人物を目の前にしたとき、人はどうしてもその居心地の悪さから、反対側のポジションに行きがちです。

でも、それでは双方にとって良い結果にはなりません。

ここで大事なのは、その、分身のような人物の気持ちに寄り添い、〝共感〟してあげることなのです。

つまり、「弱い自分」を置いてけぼりにして別の場所へ逃げるのではなく、「弱い自分」を抱きしめ、共に新天地へ連れていく、ということが理想なのです。

そうすると、人間として大事な感情をきちんと兼ね備えた、ムラのない人生を歩んでいけるようになるのです。

まとめ

目の前の人物の気持ちに寄り添い、〝共感〟してあげる。

27 自分より目下の、やりにくい相手とその理由を分析する

母親の純子さんに親子の力学を理解してもらった後、美沙さんとお話しする機会を得ました。

もちろん純子さんには別室にいてもらいます。

美沙さんからは、まずこれまでの経緯と気持ちをしっかりと、時間もたっぷり取って聞きました。

とてつもない悔しさと悲しみ、そして寂しさが嵐のように吹き荒れていることがよく分かりました。

聞き取っている最中、美沙さんは何度も涙ながらに訴え、時々黙り込んだりもしました。

美沙さんの場合、悩みとなっているイジメ・無視を仕掛けてきているのは同級生です。

したがって、会社の上司や顧客・取引先、部活の先輩、両親といった「上の立場」の人からのものではないため、ここまで本書でご紹介したケースとは違った印象があるかもしれません。

でも、そうではないのです。

目上・目下、立場の上下は関係ありません。

実際、もっと深くお話を聞いていったところ、**今回のイジメグループのうちのほとんどが、最初は美沙さんを慕《した》って集まったメンバーだったというのです。**

美沙さんは、元来の性格が、「愛されキャラ」「癒《いや》されキャラ」「なごませキャラ」です。

そうすると、集まってきた友だちのタイプというのは、一言で言うと「癒されたい」人だということになります。

もうお分かりかもしれません。

「癒されたい」タイプの人は、つまり、〝癒される必要がある〟ぐらい「疲れていて」、「イライラしている」傾向があるということなのです。

職場でも学校でも同じです。

誰もが、毎日の「しなければならないこと」のため疲れていて、イライラしています。

さながら、雲の中の「雷」のようにバチバチッと電圧が高まっているようなものです。

そして**その強力な電圧を、優しくて、癒しキャラの方が〝避雷針〟となって一気に集め、落雷するかのごとく攻撃を受ける**のです。

この原理・カラクリがよほど腑《ふ》に落ちたのでしょう。

美沙さんは、再び大粒の涙を浮かべました。

そして、落ち着いた頃に言ったのです。

「すごく意味が分かります。最初、私のところに寄ってきてくれたみんなを友だちだとは思っていたけれど、私、なんだかとてもその人たちを〝苦手〟に感じてたんです。

いつも、ストレスを抱えてて、愚痴とか悪口、不満なんかを私にバーッと話すんです。

もちろん聞いてはあげるんですけど、なんだか私の方もストレスになってきて……。

とってもやりにくいタイプなんです。

それと……。

実は私の妹も同じタイプで、いつもイライラしてて八つ当たりとかするんです。

お母さんに似てて、妹なのに、苦手です……」

結局、やはり美沙さんは優し〝すぎる〟性格なのです。

もうお分かりの通り、その性格ゆえ、反対のタイプの人を引き寄せたり、場合によっては、そんなに攻撃的でない人からも、その攻撃性を引き出したりしてしまうのです。

まさしく〝避雷針〟のごとく、

「私には、みんなのイライラをぶつけてもいいよ」

とばかりに、一身にその電圧差を受けてしまっています。

この力学こそ両者の対極性の証であり、お互いを苦手に感じたり、「嫌悪感」までも抱かせてしまうのです。

自分と反対のタイプの人の攻撃性を、自分が引き出してしまっている。

28 「今の自分」の棚卸をすると、「理想の自分」との距離がわかる

こうして、自分がいつも引き寄せてしまう状況の原因とカラクリを理解した美沙さんは、

「もう、こんな性格、こんな生活はイヤです！」と叫びました。

私は訊きました。

「では、美沙さんはどういう自分になりたいのでしょう？」

「いちいち人に気を遣いすぎなくて、顔色もうかがったりしなくて、

イヤなことはイヤとはっきり言える。

そんな風になりたいです」

と美沙さん。

今の美沙さんからは想像しにくい姿です。

しかし、「現在の自分」にほとほと嫌気がさしているというのはよく分かりました。

「では、今の美沙さんの『棚卸』をしましょう」

「たなおろし、って何ですか?」

「現在の美沙さんを正確に知るということです。そうすると、『なりたい自分』との差がよく分かり、これからどういったことをしていけばいいのかがよく分かりますよ」

あまりよく意味が分からないまま、美沙さんは私の問診に答えていきました。

ごく簡単な質問をいくつかするだけです。
ほんの数分で終わりました。

そこで出てきたのが、次のような自己分析です。

・自分は、基本的に優しい性格である
・自分の意見よりも、他人の意見を尊重する
・それは、全体の「和」を大切にしているから
・みんなと仲良くしたいと思っている
・人の気持ちを分かってあげることが得意
・自分が今の性格になったのは、母親と妹の（攻撃的・批判的な）性格の影響が大きい

こう見ると、先ほど美沙さんが挙げた「なりたい自分」との距離が、かなりあることがあらためてわかります。

正反対と言ってもいいでしょう。

今の自分、今の性格が招いている状況がイヤでたまらないのですから、無理もありません。

ともあれ、

・人に気を遣いすぎない
・人の顔色をいちいちうかがわない
・イヤことはイヤとはっきり言う

そんな自分になるためには、**先ほど列挙した特性、いえ、「美学」を捨てる必要があるのです。**

「美学」と言えば聞こえはいいですが、早い話、

・自分の方が正しい人間である
・自分のしていることの方が、人間として素晴らしいのだ

・人に気を遣わないのはヒドい人間だ
・人の気持ちを考えず、自分の都合ばかり言う人間は勝手で最低だ
・人は、皆の「和」を乱してはいけない
・私を、こういった〝イジメられ体質〟にした母親と妹は反省すべきだ
という確固たる信念をもっているということになります。

ですから、まずはこの信念・観念を取り去っていく必要があるのです。

自己分析して「なりたい自分」との距離をはかる。

25
重要なのは、〝徹底的に〟自分を排除した、「客観視」

ここで、先ほどの美沙さんの自己分析（主観）を、私からの客観で見ていきたいと思います。

・自分は、基本的に優しい性格である
↓ **確かにそう見えるが、そのため我慢やストレスも多く、何かの拍子に豹変する可能性も大きい**
・自分の意見よりも、他人の意見を尊重する
・それは、全体の「和」を大切にしているから

・みんなと仲良くしたいと思っている

↓ かなり自己弁護のような表現となっています。

つまり、**気が弱いため自分の気持ちや意見を堂々と伝えることができないだけ**かもしれません。

・人の気持ちを分かってあげることが得意

↓ これが一番違和感を感じます。

他人のネガティブな感情に向き合うのが恐いから、明るく、浅いつき合いに逃げているのでは。

・自分が今の性格になったのは、母親と妹の（攻撃的・批判的な）性格の影響が大きい

↓ お母さんの性格が影響しているのは間違いないと思われます。

しかし妹さんの場合、**〝お母さんの影響でオドオド・ビクビクしすぎな美沙さん（お姉さん）を幼少の頃から見ている影響〟でお母さんと同じ**

タイプになったと考える方が自然。

いかがでしょうか？
私（他人）の場合、当事者ではないため一切自分の都合も感情も介入せず、冷静な分析ができていると思います。

事実、このことを（「気を悪くしないように」と念押しした上で）美沙さんに伝えたところ、ショックではありながらもハッとした表情をしていました。

人は、何かの理由を考えたり分析したりするとき、どうしても「自己都合」が入ってきてしまいます。

ですから、大事なのは〝徹底的に〟主観を排除することです。
完全に、第三者の他人の視点でその〝事実〟だけを評価するのです。
難しければ、あっさり他人の意見を聞くのが良いでしょう。

こうして「主観」という曇りガラスを取り去って見たとき、前項の最後に挙がった美沙さんの観念が、いかに偏った考えであるかが明らかになると思います。

思いこみに近い「美学」や「観念」を持っていると、自由で幸せな人生を生きていくためには大きな障害となります。

そして最終的に、

「自分の方が正しい」

「自分以外は間違った言動をしている、『悪い人』である」

という考えを常に持つようになります。


こうなってくると末期です。

そのマインドで日常を過ごしていると、

〝自分が「正義」であることを証明しなければいけない〟ため、実際に他人にイヤなことをされるという現実を引き寄せてしまうのです。

こうなると、とても不幸な毎日になってしまいます。

そして、美沙さんが「なりたい自分」に向かうときの出発点。その正確な位置が分からないため、近づこうと努力しても、とても難しい注文になってしまうのです。

思いこみに近い「美学」や「観念」を持っていると、自由で幸せな人生を生きていくためには大きな障害になる。

30

「自分を苦しめた〝あの人〟みたいになど、絶対なりたくない」と思わないこと

美沙さんは驚き、戸惑《とまど》いました。

無理もありません。

自分は正しい行いをしていると思っていたのに、それはただの〝自分の都合〟でしかなく、むしろそのことが他人からのイヤな扱いを呼び寄せていたと知ったのですから。

途方に暮れた美沙さんはつぶやきました。

「じゃあ、私は一体どうすればいいんですか?」

「まず、先ほど言った『美学』と言い換えてもいい『観念』というものを捨て

去るということが必要ですね。

少し言い方が難しいかもしれないので違った角度からいきましょう。

美沙さんは、『こんな風にはなりたくない』と思う人物はいますか？

正直に言ってもらって大丈夫です。私は、仕事がら〝守秘義務〟というものは厳守しますし、これまで一度も、仕事上の情報漏洩という問題も起こしたことはありませんから」

あまり長く考えることもなく、美沙さんは答えてくれました。

「お母さんです。私の気持ちを全然考えてくれなくて、自分の都合ですぐ怒ったり、否定的なことを言ってきます。そんなお母さんに私は、物心ついた頃からずっと悩まされてきました。そして、そのせいで私はいつも人の顔色ばかり気にして、ビクビクしてる気がするんです」

私から見ても、それは真実だと感じました。

「つらくて認めたくないかもしれませんが、その考えが美沙さんの居場所を、そして人生を〝狭く〟してしまっているんです」

「私の居場所を狭くしている？」

「そうです。『お母さんみたいになりたくない』という考えがお母さんや、お母さんみたいな人（つまり妹さんやイジメをしてくる同級生たち）の性格を完全否定していることになるんです。そうすると、

・人にいちいち気を遣いすぎず、
・人の顔色を気にせず、
・人に対して強く自分の気持ちや意見を言う。

ということが極端にできなくなってしまうんです」

「え？　それって、私がしたいはずのことですよね？」

「そうなんです。この、**『こんな人にはなりたくない』という思い込みのために、自分にも使えるはずの能力を〝放棄〟してしまっている**ということです。もったいないでしょう？」

「はい……。なんだか、自分の中を電流が走ったような感じがします……」

美沙さんの頬を、またも涙が流れました。

・自分と母親
・自分と妹
・自分と同級生たち

それぞれの「領域」とその間の力学が、鮮明に、頭と心、そして体で理解できたのです。

そこからは、数日をかけて「許し」と「癒し」のワークを行い、美沙さんの心の制限（ブロック）を解除していきました。


そして2ヶ月も経たないうちにお母さんとの関係を変えました。

元々、「反抗期」にあるはずの年代です。

徐々に、言いたいことを言う娘になっていったのです。

そうするとまさに、〝失われたエネルギー〟を取り戻していくかのごとく、同級生たちにも強くものが言えるようになっていきました。

３ヶ月後、誰かが嫌がらせをしようものなら面と向かって文句を言い、突っかかっていったそうです。

「とっくに友だちではないのだから関係あるもんか」とでも言わんばかりの気持ちだったらしいのですが、かなりの変わりようです。

そういった強気な美沙さんを見て、周りの同級生たちも味方になる人が増え始め、以前は〝癒し系〟で人が集まっていたはずが、今では慕われ、頼られる存在になりましたと、嬉しそうに報告してくれました。

「こんな人にはなりたくない」という思い込みが、自分にも使えるはずの能力を〝放棄〟してしまうことになる。

step 7

真の〝心の自由〟を
手に入れて、
「人生の目的」を思い出す

31

〝失敗を見せてくれた〟のだということを噛《か》みしめる

最後の章は、私自身の体験をお話ししたいと思います。

私の父は、私が4歳、弟が2歳のとき、大きな借金を作って失踪しました。母には後日に離婚届1枚を送りつけてきただけで、まったくの消息不明。実質、両親は離婚という形になり、母は幼い私と弟を連れて、当時住んでいた関西から山陰の実家へ帰ったのです。

当時はまだ両親が離婚しているという家庭も少なく、「シングルマザー」などという言葉もない時代。

それだけに、「父親がいない」という事実は幼い私にとって重く、つらい現実としてのしかかり、心にはいつも冷たい風が吹いていていた気がします。

しかし、それだけでは終わりませんでした。

母の実家に移り住んでからの生活こそ悲惨だったのです。

私たち親子3人は、母の両親と過疎地域の山あいの家屋に住みました。

古い家でした。

土壁、井戸水、汲み取り式便所。

天井には、古く煤《すす》けた梁《はり》がむき出しとなり、風呂は薪《まき》をくべて沸かす、いわゆる五右衛門《ごえもん》風呂です。

祖父と祖母は農業をしていましたが、この祖父というのが酒飲みで、ほぼ毎夜酒を飲み歩き、軽トラックを飲酒運転、または私の母に迎えに来させて帰宅しては、家の中で大声で騒ぐのです。

大人の男がほかにいなかったその家では誰もが我慢するしかなく、看護婦をしていた母は夜勤明け、私たち兄弟は学校から帰って、祖母は昼間の田畑仕事で疲れていても、この祖父の狂ったような叫び、負け惜しみ、虚勢、世間への恨み言といったものに毎夜苦しめられました。

私も小学生の低学年から高学年、中学、高校と進むうちに様々な悩みと葛藤、諍《いさか》いもありましたが、そんな高校2年の冬、大きな事件が起こったのです。

その祖父が、悪い飲み仲間に騙されて借金の保証人となり、住んでいた家を取られたのです。

私たちは夜逃げ同然に13年住んだその家を出て、親戚の助けもあり、市営の住宅に入りました。

これまで度々お伝えしてきましたが、幼少から青年までの、共に過ごした家族との関係がその人の観念をつくり、その後の人生に大きく影響します。

こうした一連の、肉親が起こした二度の借金、二度の一家離散という体験は、私の人生観に強烈なものとして植え付けられました。

人生は、理不尽でつらいもの。
それゆえ「我慢」が絶対的に必要であること。
「お金」は恐いものであり、家族を不幸にするもの。
それゆえ借金・保証人というものは絶対にしてはならない。
虚勢から安請け合いはしてはならない。
見栄をはってリスクを背負ってはいけない。
家族を不幸にしてはいけない。
我慢して、真面目にコツコツやっていくのが一番である。
人の迷惑を考えないような人間にはならない。
〝実〟のない虚勢を張ってはいけない。

また、そういう人物の言うことは信用しない。

これらの、とても多くの観念が、私の中には長い間揺らぐことなく存在しました。

しかし、これも本書でご紹介してきた方々を見ても分かるように、固執《こしつ》しすぎた「観念」といったものは（それ自体は真実であったとしても）良い結果をもたらしません。

その人を偏った思考に陥らせ、行動パターンや言動、活動するエリアを極端に狭めてしまうからです。

私の場合、そのトラウマとなる出来事が強烈であったこと、そして二度も起きたことにより、この観念は永く固く、それゆえ悩みの多い半生となりました。

本当に様々な苦しい体験ばかりの日々でした。

「なぜ自分だけがこんなに不幸な生い立ちなのだろう」と、人生を呪ったことも数知れません。

しかし、その苦しみや苦労があったからこそ、いろんな人の気持ちが、いろんな角度から分かるようにもなったのです。

本書ではページの都合上省きますが、私の中での葛藤と試行錯誤、多くの体験から、それらは貴重な財産となりました。

そして、辿り着いた考えが、

「父と祖父は、〝失敗を見せてくれた〟のだ」

という、感謝にも似たものでした。

自分の中での葛藤と試行錯誤、多くの体験は、やがて貴重な財産となる。

32

実はこの人こそ本当の被害者であることを理解する

そうです。

この、父と祖父の「失敗」というものを見せてもらっていなかったら。

私は、確信に近い気づきを得ました。

それは、**自分もおそらく同じ種類の失敗をしていた**ということです。つまり、

・見栄や虚栄心、野心から安易に借金などをつくり

・大事にすべき家族に苦しい思いをさせてしまう

という、まったく同じ過《あやま》ちです。

いえ、まったく同じではないでしょう。

もっとひどい、大きなスケールの失敗をしていたと思うのです。

それを、そうならないように「失敗」を見せてくれた。

つまり、**父や祖父こそ、（私は子どもの頃「加害者」だと思っていましたが）「被害者」にほかならないのです。**

2人は、私たち子孫の「身代わり」になってくれたのだと、今なら分かります。


父とは、私の人生に様々なことがあったこともあり、消息不明、いえ、生存さえ定かではありませんでしたが、奇跡のように見つけることができ、30年のときを経て再会。

思いをぶつけ、すべてのわだかまりを捨て、感謝の気持ちを伝えることができました。


祖父には、生前は叶いませんでしたが、現在は感謝の念を毎日仏壇へ、そして毎月墓前で手を合わせて伝えています。

この「失敗」は、人間関係でも同じです。

あなたにとってひどい仕打ちをした人のお陰で、あなたはそれ以上ひどい所業を、下の立場の人へすることなくいられたのです。

そして、この過ちを最初に犯してくれた人たちこそ、かわいそうな「被害者」なのです。

失敗を先に見せてくれて、後に続く者たちの身代わりとなってくれた。

このことが心で理解できるようになると、恨みどころか、感謝の気持ちがわきあがってきます。

そのときあなたは、狭い場所に縛りつけられたような状態から、広く明るく、自由な場所で、伸び伸びふるまえるようになっているはずです。

ですから、あなたの中に長い間拭《ぬぐ》うことのできないわだかまりがあるのなら、一度そのことを感じ尽くした上で、どうか解き放って欲しいと思います。

そしてできるならば、その人を許してあげて欲しいのです。

いえ。もっと正確に言うと、

「〝その人を許す〟という『許可』を、自分に出してあげて欲しい」ということになります。

複雑に思えるかもしれませんが、これが本当の仕組みです。

あなたの中には、〝ひどいことをした「犯人」を許してはならない〟という法律のようなものがあるはずです。

この規則を解くことで、誰よりもあなた自身が楽になれるのです。

この過ちを最初に犯してくれた人たちこそ、後に続く者たちの身代わり。

33

嫌いな面も、「ひとつの能力」として取り込むと武器になる

父と祖父がそれぞれ引き起こした事件による、私の中のトラウマ。

そして、嫌いで許せなかった特性。

その代表的なものが、

「自分の都合で人を不幸にする人間」

「人の迷惑、気持ちを考えないような人間」

です。

これらへの反発により、私の中には、

「自分の都合を押し殺してでも、人のことを最優先すべき」

「人に迷惑をかけてはいけない」

「人の気持ちや雰囲気を敏感に察すること」

といった教訓が長い間こびりついていました。

もちろん、人が生きていく上でのモラルとして素晴らしい教えではあります。


しかし、何度もお伝えしてきたように、こういった「固執」は自分の生きる範囲、才能・能力といったものを狭め、そして限定してしまうことになります。

かなり長い年月、私はこの偏《かたよ》った考えのために生きづらい青年（少年）でした。

自分の観念に反している（特に目上の）人が許せないのです。

そんな性格では、上の人に好かれたりかわいがられたりするはずがありません。

かわい気がなく、中途半端に反抗的で、仲が悪くなってしまうのです。

そうするとますます上の人は執拗《しつよう》に威圧的・攻撃的になります。

前にも言いましたが、**「自分の方が正しくて、相手は悪い人間」という考えが原因で、〝相手が悪い人である必要〟が出てきます。**

そして、その人の悪い面を引き出して自分がつらい状況になるのです。

本当に長く苦しい時代でしたが、多くの素晴らしい出逢い、またその出逢いによる気づきによって前項のように「感謝」の念が芽生えていきました。

そして、両方の特性の良い所を「ひとつの能力」として捉え、時と場所、相手とその状況に応じて〝使用する〟ことが大事だと思えるようになったのです。

そうすると人格的には、偏りのない〝ちょうど良い〟状態となり、それぞれの能力を「武器」として使用できるようになりました。

まさに心と行動が変わることによって、運命が大きく変わり始めたのです。

具体的には、

「人に気を遣ってばかりで、本当に言いたいことを言えなくなっていると感じたときに、自分がイヤだと思っていた人の特徴を真似て〝武器〟として、演じてみる」

ようにしたのです。

これは、効果テキメンでした。
自分の中には欠乏していた能力でしたので、それを最も持っている人を思い出してイメージし、「使用」したのです。

自分になくても、〝演技すればいい〟と確信しました。

このことを、同じような悩みを抱えている方にはぜひ実行・体験していただきたいと思います。
自分を失うことなく物事を、そして人生を、思い描いた方向へ進めていくことができるようになります。

特性の良い所を「ひとつの能力」として捉え、時と場所、相手とその状況に応じて〝使用する〟ことが大事。

34

これまで悩んでいたことは、前進しないでいいための〝言い訳〟だったことに気づく

こうして人との接し方や交渉、そして関係が変わってくると、毎日がとても楽になっていきました。

〝楽〟というより〝楽しく〟もなっていったのです。

有名なアドラー心理学では、人の悩みはすべて「人間関係の悩み」にあると言われています。

これは、私の経験からも真実だと思います。

言い換えれば、**人間関係の悩みさえ解消すれば、人生から苦しさ・つらさはほ**

ぼなくなるとも解釈できます。

実際に私は、それまでの長い長い苦しみの日々に別れを告げ、大きな悩みがなくなりました。

そうすると、かなり視界がクリアになり、それまで分かっていなかった「仕組み」が徐々に理解できるようになったのです。

その仕組みとは――。

自分は、いえ、**人は、「自分が前へ進んでいかなくてもいい理由のために、違う悩みを用意している」**ということ。

まるで、

「お腹が痛いから、学校に行かない」

「カゼを引いてるから、勉強に集中できない」

「脚をケガしたから、全力で走れない」

といった子どもの言い訳のようですが、これは紛れもない事実です。

誤解を恐れずに言わせていただくと、

仕事をしている社会人の、

「職場（特に上司との）の人間関係が悪くて、仕事に集中できない・結果を出せない」

というのはウソなのです。

本当に「仕事に集中し、結果を出したい」と思ったならば、**そうすればいいのです。**

いい関係を築けない上司からの威圧的な攻撃によって、「やりにくい」「評価されない」ということはあるかもしれませんが、集中できない・結果を出せない、ということはないはずです。

むしろ、集中し、結果を出すことで、おそらく上司の見方も変わり、大きく態度も評価も良いものに転じるとは思いませんか？

つまり、**社会人が職場で最もやる必要があること、すなわち「仕事」にフォーカスしないから、関係のないつまらない問題・悩みが出現する**のです。

繰り返しますが、自分が前へ進んでいかなくてもいい理由のために、違う悩みを用意しているのです。

これが、仕事にフォーカスし、「結果を出そう」としている人だとどうでしょう？

もちろん、「人間関係」という問題も発生するかもしれませんが、この人の最優先される頭の中の課題は、

「どうすれば成果が上がるだろうか」

になるはずです。

具体的には、
・良い製品やサービスを作るためには？
・どうすればより売れる？
・どうすれば採用される？
・どうすれば契約が取れる？
・どうすればお客さんが喜んでくれる？
というものであり、
決して、
・今日も課長に怒られるんだろうか？
・また先輩にバカにされるんだろうか？
・今日もクレームがきたらどうしよう？
・取引先の人にまた文句言われるかも
などというものではないはずです。

つまり、**誰かとの関係に悩んでいる間は、ほかのことを考えなくていいという**

大義名分を得られるのです。

私もまさしくそうでした。

「父親がいない」ということに悩み、酒に溺れて世を呪う祖父に悩み、そのトラウマから、社会に出てもいつも対人関係に悩んでいたわけです。

それは、「暇さえあれば悩んでいた」とでも言えば良いかのようです。

そして、そんな状態では何ひとつ成し得ることができていませんでした。

誰もが、自分が前へ進んでいかなくてもいい理由のために、違う悩みを用意している。

35
呪縛《じゅばく》から解かれた後に見えてくる「使命」

私が、人間関係のもつれによる長く苦しい時代を過ごしたものの、多くの素晴らしい出逢いと気づきによって「感謝」の気持ちを持つようになり、心と行動が変わることによって、人生が大きく変わったことはすでにお話しました。

そして、前項のように、「前へ進んでいかなくてもいい理由のために、〝対人〟という悩みを自ら準備していた」ということが理解できたとき、急に目の前が開けたような気持ちになったのです。

まるで、それまでは**受刑者のごとく長い間牢屋の中に入れられていて、そのため自分のやりたいことができなかったのに、いつの間にか刑期が終わって外に出ていた**といった感じです。

では、刑期を終えた「元・囚人」は何をするのでしょう?

これまでにはなかった「時間」と「空間」の自由が与えられたわけです。


私はいくつかの名言に出逢い、考えました。

「自分は何のために生まれてきたのか?」

「今回の人生で何を成すために生を受けたのか?」

「自分がこの世を去るとき、何を遺しておきたいか?」

その結果、私の「使命」とも言えるひとつのビジョンが見えてきたのです。

「地球上の誰もが、誰かを心から愛し、誰かに心から愛されている世界の実現」

これが、私の夢です。

それは、この世のすべてのトラブル・争い・悲しみが、
・「愛」への渇望
・「愛されていない」ことの寂しさ
・「愛されていないのではないか」という恐れ
・「なぜ愛してくれないんだ」という怒りや憎しみ

これらから発生していると実感したからなのです。

つまり、**自分が誰かを揺るぎなく愛していて、「自分のことを愛してくれている人がいる」という感謝と安心があれば、おかしなトラブルや争いは起こらない**と思うのです。

そして、私の稀有《けう》な生い立ちとそのことによる永い間の悩みと絶望、それを改善していけた経験というものは、同じようなことで苦しむ人たちの救いになるための学びだったのだと、今では確信しています。

「人生にムダなし」と言われますが、私もそう思います。

様々な、言い訳のような悩みがなくなった後、私にはそれを活かしていく使命が見えてきたのです。

ところで、私の場合は多くのありがたい出逢いと学びによってこのように未来が見えてきたのですが、ほとんどの方が、いざ一つの大きな悩みがなくなったとき、自分がなにをすべきか分からないという状態に陥ると思います。

言葉は悪いですが、**まるで〝暇つぶし〟のように、次の些末《さまつ》な悩みを思考のド**

真ん中にもってきて、人生最大の悩みにしてしまうのです。

これは、本当にもったいないことです。

まずは、先ほど挙げた
「自分は何のために生まれてきたのか？」

「今回の人生で何を成すために生を受けたのか？」

「自分がこの世を去るとき、何を遺しておきたいか？」

この質問を自分自身に投げかけることから始めてみて欲しいと思います。


すべての人が自分の「使命」に気づき、それを実現させるために、前向きで建設的な毎日を生きているとしたら、世界は、もっと素晴らしいものになっていると思いませんか？

地球上の誰もが、誰かを心から愛し、誰かに心から愛されている世界の実現。

おわりに　催眠術が解けたとき、何を始めるか

先ほどの、牢屋に入れられている囚人の話ですが、**実はその牢に鍵なんて掛かっていない**のです。

自分勝手な被害妄想から、カン違いしてしまう人が多い（実は私もそうでした）のですが、これは真実です。

最初からよく思い出してみると分かりますが、（ごくごく一部の特殊な事情の方を除いて）社会人というのは、誰かに無理矢理連行されてその職場に閉じこめられ、強制労働をさせられているわけではありません。

第一志望であろうがなかろうが、他に入れるところがなかったから〝仕方なく〟就職したとか、親の仕事を継ぐしかなかったとか、それは言い訳です。

間違いなく、最終的には「自分の意志」でその中に入ったのです。

ですから、そこから出るのも、自分の意志以外に制御しているものはありませ

ん。外側からの〝施錠〟など、されていないのです。

それなのに、誰もが疑問に思うこともなく、まるで投獄された囚人が強制労働を強いられているかのごとく毎日を過ごしているのです。

さながら、集団催眠にかけられているかのようです。


さて、今のはイヤイヤ仕事に行っている社会人のケースですが、あなたはどうでしょうか？

本書を最後まで読んでいただき、かなり「イヤな人との関係」を改善されたか、もしくは改善する極意を学んでいただいたはずです。

つまり、〝イヤな状況をガマンして過ごすべし〟とでも言うべき「催眠術」からはほとんど覚めつつあります。


〝本来のあなた〟に戻ったとき、何を始めますか？


「これ幸い」とばかりに楽に、適当に、特に夢も目標もなく毎日を過ごしますか？

そんなことないですよね。

もう分かっているはずです。

むしろ、その姿勢・体質が、威圧的な人を呼びよせていたということも、そして、そんな日々はもうイヤだということも。

もはや言い訳はできないはずです。

あなたならではの、あなたにしかできない活動を、今日から始めてみましょう。

ところで、気になっている方も多いと思いますが、第5章で紹介した、松井光太さんの後日談があります。

自分を長い間苦しめたお父さんに対して、それまで全く考えたこともなかった「感謝」の念を、まずは手紙という形で吐き出した光太さん。

それによって少しずつ、お父さんを毛嫌いする気持ちが減り、「威圧的な人に感じていた必要以上の恐れ」も消え、その効果で、職場のイヤな上司にも言いたいことが言えるようになり、関係が改善されたところまではお話しました。

ちょうど1年後、光太さんは手紙に書いたことを直接お父さんに言うため、帰省したそうです。

自分は青年になり、お父さんも年を取ったとはいえ、まだ59歳。お年寄りではありません。

しかし、子どもの頃から恐くてしょうがなかったその気力・体力の差はとっくに無く、むしろ光太さんの方が勝っているほどです。

自分を避け、ここ数年は盆も正月も実家に帰ってこなかった息子の、突然の帰省にお父さんは戸惑ったはずです。

お母さんに挨拶をした後、庭仕事をしていたお父さんのところへ行くやいなや、光太さんは言いました。

「父さん。話があるから聞いて欲しいんだ」


そこからは、子どもの頃から高校を卒業するまでの、様々な、

「されてイヤだったこと・つらかったこと」

「してくれなくて寂しかったこと・悔しかったこと」

を、思い切って正直にぶつけました。

途中からは涙がドッとあふれました。

お父さんは、黙って聞いていたそうです。「すまなかった……」と涙を流し

ながら何度もつぶやき、光太さんの言葉を受け止め続けたのです。

手紙に書いていた以上の、これまでのわだかまりや葛藤を言い終えた後、光太さんは、「それでもね、父さん。父さんはこんなことをしてくれたんだよ」そう言って、「してもらって嬉しかったこと・感謝していること」を訥々《とつとつ》と話し始めたのです。

お父さんの涙は大粒のものとなり、途中からは嗚咽《おえつ》に変わりました。

光太さんは、20年振りにお父さんの胸に飛び込みました。

もちろん、背丈は光太さんの方が大きくなっています。

最後に光太さんは言いました

「この世に送り出してくれてありがとう。父さんと母さんの子で、本当に良かった」

2人はかたく抱きしめ合い、お互い何の遠慮もなく、大きな声で泣きました。

20年かかって、再び「親子」に戻れたのです。

期間限定

読者特典のお知らせ

本書をお読みになった感想を、下記アドレスまでお送り下さい。
著者より必ずお返事を差し上げます。

なお、その際「人間関係の悩み」について簡単に説明・相談いただければ、読者特典として無料で回答コンサルメールを添付します（1回限定）。

shingo-t@maro-v.jp

※この特典は2017年8月31日までの期間限定です。

■『豊田真豪オフィシャルサイト』
http://www.s-toyota.sakura.ne.jp/bs/

■『豊田真豪 Facebook』
https://www.facebook.com/people/Shingo-Toyota/
※「豊田真豪」で検索、友達申請して下さい。

豊田真豪（とよた・しんご）

1973年生まれ。広島県立大学経営学部卒。「“最高の人生”を阻害する４つのカオス」をクリアにする専門家。ベストセラー作家・本田健が認定する『人間関係のマトリックス（詳しくは本田健公式ホームページ https://www.aiueoffice.com/mf/ へ）』ファシリテーターでもある。「生き埋めになってしまっている、“本来の自分”を掘り起こせ」をスローガンに、セミナー・執筆・コンサルタント活動によって多くのビジネスパーソンの救世主となっている。様々な講演会・研修会にて講師・シンポジスト・司会・座長を務める中で、これまで延べ5000人を超えるビジネスパーソンの心を捉えている。主な著書に『社長室のデスクはなぜこの向きなのか？』（ごま書房新社）がある。

『地球上の誰もが、
誰かを心から愛し、
誰かに心から愛されている世界』
の実現を目指して

逃《に》げられない人間関係《にんげんかんけい》から解放《かいほう》される本《ほん》

2017年３月10日　　初版発行

著者　豊《とよ》田《た》真《しん》豪《ご》
発行者　常塚嘉明
発行所　株式会社 ぱる出版

〒160-0011　東京都新宿区若葉1-9-16
03(3353)2835 ― 代表　03(3353)2826 ― FAX
03(3353)3679 ― 編集
振替　東京 00100-3-131586
印刷・製本　中央精版印刷(株)

ISBN978-4-8272-1045-3 C0030